身 心 灵 魔 力 书 系

品 / 格 / 丛 / 书

U0742337

奉献

俯首甘为孺子牛

吕洪峰 ◎ 著

中国出版集团 现代出版社

图书在版编目(CIP)数据

奉献:俯首甘为孺子牛 / 吕洪峰著. —北京：现代出版社，2013.11
(2021.3 重印)

(身心灵魔力书系)

ISBN 978 - 7 - 5143 - 1987 - 3

Ⅰ. ①奉… Ⅱ. ①吕… Ⅲ. ①品德教育 - 中国 - 青年读物
②品德教育 - 中国 - 少年读物 Ⅳ. ①D432.62

中国版本图书馆 CIP 数据核字(2013)第 276403 号

作　　者	吕洪峰
责任编辑	赵海燕
出版发行	现代出版社
通讯地址	北京市安定门外安华里 504 号
邮政编码	100011
电　　话	010 - 64267325 64245264(传真)
网　　址	www.1980xd.com
电子邮箱	xiandai@cnpitc.com.cn
印　　刷	河北飞鸿印刷有限责任公司
开　　本	700mm×1000mm　1/16
印　　张	11
版　　次	2013 年 11 月第 1 版　2021 年 3 月第 3 次印刷
书　　号	ISBN 978 - 7 - 5143 - 1987 - 3
定　　价	39.80 元

P 前 言
REFACE

- -

　　为什么当今时代的青少年拥有幸福的生活却依然感到不幸福、不快乐？怎样才能彻底摆脱日复一日的身心疲惫？怎样才能活得更真实、更快乐？

　　许多人一踏上社会就希望一鸣惊人，名利双收地拥有一切。这样急功近利，不注重人生的积累，是难于起飞的；相反，能不辞辛苦地为自己拓展好助跑的跑道，从而争取优势不断发挥，才能逐渐使事业有所发展。那么给生命一个助跑的过程吧，这样，我们的人生就可以飞得更高。

　　一个人的成长、成熟、成功，其实是一个不断进行积累的循序渐进的过程，人的身上要拥有无穷大的潜力，主要靠平时的积累。助跑的过程其实就是让自己的潜力得到极致发挥的一种措施，就是为了让自己跑得更快、跳得更高、跳得更远。可以说，助跑的过程是一个漫长的过程，但没有这个过程是不可能最终获得成功的！我们每天都在积累，我们每天都在助跑，因为我们的心中有一个目标！

　　越是在喧嚣和困惑的环境中无所适从，我们越觉得快乐和宁静是何等的难能可贵！其实"心安处即自由乡"，善于调节内心是一种拯救自我的能力。当人们能够对自我有清醒认识，对他人能宽容友善，对生活无限热爱的时候，一个拥有强大的心灵力量的你将会更加自信而乐观地面对现实、面向未来。

本丛书将唤起青少年心底的觉察和智慧,给那些浮躁的心清凉解毒,进而帮助青少年创造身心健康的生活,来解除心理问题这一越来越成为影响青少年健康和正常学习、生活、社交的主要障碍。本丛书从心理问题的普遍性着手,分别描述了性格、情绪、压力、意志、人际交往、异常行为等方面容易出现的一些心理问题,并提出了具体实用的应对策略,以帮助青少年读者驱散心灵的阴霾,科学调适身心,实现心理自助。

C目　录
ONTENTS

奉献——俯首甘为孺子牛

第四章　聆听自己的声音

第五章　拥抱积极的能量

第六章　爱上你的工作

第七章　认识自己的长处

第八章　学会感恩

第九章　点亮你的未来

第十章　把公司当家来经营

第十一章　不抱怨的胸怀

第一章 乐于给予

乐于给予的人必须有信和爱。乐于持续的给予是爱的标志和你关心其他人的证据。信对于给予者是必须的。没有你在未来将会有足够财产的信心，就不见得你会乐意地给予。其实，人如果只是为了自己，那人生就没有什么乐趣。人活着要乐于给予，要让别人快乐，让别人幸福。蜜蜂虽累，过的却十分安逸；蝴蝶虽美，却过着担惊受怕的日子。唯恐成为别人的网中之鳖，那样的一生又有何种幸福可言！

不求回报的给予

伟大的中国哲学家老子曾说过："言善信，心善渊，与善仁。"

我经常在饭馆见到这样的情景，两个人吃完饭准备离开时，一个人抢着付钱，另一个也抢着要付，于是两个人拉拉扯扯好一阵子。两个人都做出姿态，表示要拦住对方去结账的路。我理解这种情况，也理解此时的感受。

在人与人的关系中，给予和接受是自然存在的一个组合，尽管人们在"该谁付"这一点上常常你争我抢。当然谁也不希望永远处于"给予"或是"接受"的一方。但在两个人均可自由给予的情况下，也没必要过分计较。不论是从钱包付账还是从内心付出关爱，情况均是如此。

人们通常都将孩子与索取联系在一起，却往往对孩子的索取比较宽容，因为他们还是孩子。我们有时忘记了，孩子也是乐于给予的——他们会把画的图画、心爱的石头、泥巴捏的玩具等送给别人。请回想一下，当我们头一次知道赠送礼物可以使人快乐时，是何等开心。这种通过奉献而产生的快乐是永远不会褪色的。然而，人们往往还是倾向于把赠送与购买画等号，在如此重"物"的社会，这种想法是很难消除的。在许许多多送礼的场合，人们想得更多的很可能还是礼物如何。

我的一位学生告诉我，她家里的人送圣诞节礼物，不是全凑在圣诞节那一天，而是一年当中任何一天都行。这样，他们不需要等到圣诞节前去赶热闹抢购，哪怕是在夏天，只要发现了合心合意的礼物，就可以买来作为圣诞礼物送给亲人。

这种做法似乎与传统的精神有出入，但她家里的人却认为这种做法更符合圣诞节精神。每个圣诞节我们都应提醒自己，礼物所具有的意义比其本身更重要，这种精神应该贯穿于一年中的每一天。我的学生觉得传统的圣诞节应该多一些欢乐，少一些商业味道，应该有更高的精神意境。因此，她家里的人似乎每天都在过圣诞节，这是他们想要的，而不是习惯支配的。

给予、奉献的精神有许多形式，在我们国家也不乏无私地奉献时间、财物和各种需要的关怀。2012 年一年，有 4000 多万人在医院、学校、疗养所、康复中心、国际救助机构等地方当志愿者，平均每周工作 9 小时。统计数字往往有误差，但这里的志愿者统计数字肯定是一种奉献精神的体现，人们是在需要的地方付出了他们的力量，而只得到微薄的回报。

魔力悄悄话

爱心的给予，不论是一份厚礼还是一声深情的问候，只要以同样的爱心来接受，就算是得到了回报。就像聆听是一半的心灵交流，以高兴、欣赏和感性的态度去接受，也是和给予同样重要的。

给予和接受是一枚硬币的两面

　　给予和接受是一枚硬币的两面，要处理好接受这一面也不容易。我的一位朋友每年圣诞节都很紧张，忙于回寄别人寄来的每一张贺卡。收到意外礼物而无法回礼时，她总是特别忧虑。她心里总有一本账，什么都要收支平衡。看来她出身于一个细心保持事事平衡的家庭，给了一个人礼物，其他相关的人也要给一份。不容置疑的一点是，想用这个办法达到公平，反而促成了心胸狭窄和嫉妒。

　　我在公立学校教书时，许多次教师会议的情景至今历历在目。那些会议的目的是大家聚在一起讨论如何贯彻各项重要的教育目标。不论教师们提出了什么样的意见和方案，年年都有一个主题是少不了的，那就是人人全力参与。从政策制定者到政策执行者直到接受教育的学生，人人都要积极参与，才能保证教育计划的成功。

　　研究过工商企业成功案例的人都知道，成功必备的要素之一就是齐心协力，从管理层直到员工都要如此。只要做到了这一点，企业就一定会成功，拥有高效率和高业绩。这里的因果关系是明白无疑的。

　　我记得一位已退休的医生来到我教书的一所学校，对校长说，他住在学校附近，希望给学校提供志愿服务，需要做什么工作就做什么工作。他愿到课堂帮帮忙。他并没有亲戚在该校读书，不谋求任何好处，只是纯粹想来帮忙，做助教也好，做教师也好，只希望把自己的知识和经验与大家分享。由于退休了，他有的是时间，想以这种方式发挥余热。他打算继续在别人的生活中充当一种积极的力量。

　　校长和该校教职员都有点尴尬，像这样的事毕竟不多见。他们迎来了这位医生。这位医生很快起到了宝贵作用。他给孩子们讲卫生保健知识，还讲数学，但更重要的是他给孩子们树立了真诚奉献的榜样，孩子们都爱他。他的热情工作在客观上就是非常生动的人际关系课：奉献自己而不期待任何的回报，这是一个人能为他人做到的最好事情之一。

这样的故事必然会遭到一些人的质疑。他们会说这背后一定还有什么名堂。我们不是常说没有免费的午餐吗？有投资就必须有收益。我们这位医生朋友为孩子们作出无私奉献，也肯定大有收益，只是人们看不见罢了。然而不管人们怎么想，这位医生总是一个值得学习的榜样，我们非常需要这样的人。

倘若我们怀疑这样为陌生人作贡献的事，那么不妨看看我们对自己的家人又做得如何。我所在的街区有一个日托中心，我天天经过那里，常常看到有些小娃娃在等待家长接他们，有时甚至等到天黑以后。我想，孩子回家后，也不过是匆匆忙忙吃顿晚饭，再看一会儿电视，然后就上床睡觉。第二天一早又被打发到日托中心。

我说这个，并没有责备这些孩子的家长的意思。如今的夫妻都要上班，越来越多的家庭送孩子上日托。不论他们是有意还是迫不得已而这么做，其结果都是孩子得到的关爱少了许多。

这意味着父母需要好好想想怎样多陪孩子一会儿，想方设法最佳利用跟孩子在一起的时间。父母应该本能地知道何时该放下一切工作，去倾听孩子的心声，去给予孩子更多的支持和鼓励，或仅仅是陪着他们。

魔力悄悄话

有时我们需要有人来提醒，分享别人的幸福和成长是多么的重要。可是，对这个问题最简单的做法总是双手抱在胸前，问一句："我能做什么呢？"或是说一句我们都听腻了的话："对不起，没时间。"许多人居然以此作为他们的生活方式。

与人相处要乐于付出

我们每个人或早或晚都会认识到，与人相处要乐于付出——不但要付出时间，还要付出我们的真诚和爱心。然而出现的情况往往是，对于许多需要我们的人，我们总是拒绝付出自己的爱，尽管这是最容易做到的，也是代价最小的。

几年前我头一次到香港时，人们告诉我香港是"东方之珠"。的确如此。它的美丽令我惊叹。不论在一天当中的什么时候，也不论天气如何，太平山顶的远景都是那么美不胜收。那山顶高出于城市之上，与山下的熙熙攘攘相比，山顶上是一派宁静祥和。我也爱观看天星码头的人潮涌动，那里的渡轮在香港和九龙之间来回行驶，一小时也不停歇。

我常在薄暮时分坐在天星码头的路灯下，一面欣赏海港的景色变幻，一面观察匆匆忙忙走在回家路上的人们。

一天傍晚，我注意到在我坐的长椅的另一端坐着一个年轻人，全神贯注于他手中的一本书，一点也不为喧闹的行人和夜景分心。此后一星期，我每次去那里都能发现那个用功学习的年轻人。

有一天，他朝我转过身来，用不流利的英语问道："你能教我念好这个词吗？"这时我才看到他苦苦阅读的原来是一本英汉辞典。我教他念好那个单词以后，他告诉我他姓王，为了能找到一份好工作正在努力自学英语。这样就能改善他和一大家人的生活。

我和王很快成为朋友，几乎天天傍晚在那里相遇，他成为我的香港向导，带我游览一些地方，我则充当了他的英语口语教师。

王的处境很艰难，全家生活清贫，仅仅免于饥馑。他是一个有着11口人的大家庭的长子，也是唯一有工作的人。只靠一本辞典自学，他想改善境遇恐怕也不容易。我当时虽然出门在外，手头不宽裕，但还是决心尽力相助。在离开香港之前我替他交了学费，安排他到一所英语学校接受辅导。

两年后我回到美国时，收到了王的来信。他英语大有进步，已找到新的待遇较好的工作，一家人的生活已有所改善。他随信附寄了一张银行支票，那是他觉得应该还我的钱。

我把这笔钱又寄回给王，在信中说："王，请你带上这笔钱到天星码头，如果那里又有一个坐在街灯下捧着字典苦学英语的年轻人，就以我们两人的名义把钱赠送给他，以示爱心。"王收到了我的信。但愿他能将这份爱心传下去，一人再传一人，长久保持。

世世代代以来，我们就被教导说只有付出了的爱才是爱。我在世界各地都越来越多地听到人们以各种方式表达这一道理。尽管彼此之间存在语言障碍，但真正爱心的表达都决不会被人误解。有的地方，人们尽管食品短缺，仍慷慨捐粮赈济灾民。我有几次迷路时，都遇到热心的人领我走了好远到达目的地。在危急情况下，常有人甘冒生命危险挺身相助。这都是不计报酬而真诚奉献的爱。

不久前，一位读者给我来信说："你一向对生活采取正面积极态度，对人们的爱心和行为抱有希望，这也激励我去为他人付出。我想尝试你经常鼓励的奉献艺术。我还很年轻，没有多少东西能给别人，所以我下决心买一束雏菊，站在一个交叉路口，给每一个路过的人送上一朵，并祝他们一天愉快。我想这会挺有趣，会让人们高兴一些。但结果让我受到了教育——并不像我预想的那样，我对人性有了不少认识。"

"我惊讶地发现几乎没有几个人愿意接受我的礼物。许多人只是快步从我身边走过，都不肯正面看看我的笑容。有的人还推开了我献花的手。更有人不客气地说一句'不要，谢谢'，径直走了过去。有的人勉强接过了花，等待我下面说什么，似乎在考虑怎样对待某种索取。最让我伤心的是人们怎么会如此怀疑我的赠送，仿佛我在向他们乞讨什么施舍似的。我那一把雏菊都没能全送出去，回家时还有几朵垂在我的手里，这世界太怪了！"

很不幸然而确确实实的是，我们生活在一个充满疑心的世界上。有的人时时刻刻保持戒备，不相信自己周围有多少诚实的人或充满善意的好事。对于这种态度，实际上我们都有一定程度的责任。我们都是自己经验的产物。如果有人送给我们一朵玫瑰，然后就要我们捐钱，我们自然就会对此后类似的赠送抱着提防的心理。从此以后，每一朵赠送的玫瑰都会受到怀疑。

我们一般说来恐怕多多少少都有过受骗上当的经历。在机场或超市，常有人突然迎上来非常真诚友好地赠送礼物，但接下来就为了某个理由要你捐款。我们有时也会收到别人送来的免费样品，据说那只是一种公关活动或是征求意见的手段，你收下以后，就会有人逼着你买他的东西。

这类行为甚至会出现在情人之间。我们以为对方是真心爱自己，后来却发现那是有条件的，有所企求的。因此，人们变得多怀疑而少信任，是很自然的。在当今社会，真正的无私和慷慨并不常见，因此人们保持戒备并不奇怪。

我有一位好朋友喜欢参加旧货交换会。有一次，他把自己不想要的东西摆在摊位一角，标明"免费"——只是单纯地想赠送出去。奇怪的是谁也不拿这些东西。最后，他给每件东西标了一个低价码，很快就把它们全卖掉了。他虽然多挣了几个美元，却对人的行为产生了几分疑惑。这一事例再一次表明了人们普遍持有的一种信念——"物必有价"，"世上没有免费的午餐"。

我觉得这些事例给我们上了很好的一课：如果我们乐善好施，而且看到这确实是世人所需要的，如果我们想要让怀疑者打消其疑心，我们就必须做好思想准备，来承受一些挫折，容忍一些怪异行为。毫无所求地作出奉献是高尚的行动，不要由于某些人的不知好歹、不感恩的反应而气馁。

我给那位送花的年轻女士的建议是，只要她觉得送花能表达她的心意，给她带来快乐，就继续送花。别人也许最终会看到她的真诚。收下花的人将会变得更富有——即使态度依然没变，但至少收到一朵出于爱而赠送的鲜花。

奉献——俯首甘为孺子牛

　　不久前一项盖洛普民意调查显示，55%的美国人是志愿者，愿意献出自己的时间为社会服务。这是一个值得研究的统计数字。我听说过，人们倾向于在民意调查中隐瞒真相。既然我们都愿意认为自己是乐于助人的，所以谁乐意对这一民意调查作出否定的回答呢？

　　帮助别人是我们所能体会到的最有意义的经历之一。事实上，助人者往往能通过助人而得到快乐，帮助了自己。研究成果还表明，喜爱饲养宠物和栽培植物的人往往比较健康和长寿，因为宠物和花草需要我们伸出援助之手。这也赋予"存在"新的含义——起床后有事可做。

魔力悄悄话

　　尽管我们个人也许无力增进世界和平与谅解，但不论何时何地，每一个爱和善良的举动都是一种动力。我们最美好的希望之一仍然在于我们个人——为美好事业奉献我们个人的微薄力量，慷慨行动而不计个人得失，不图回报，为助人而付出自己的时间、精力和爱心。

一个真正的人该做的

美国人有着悠久的彼此互助的传统，早年就是邻里互助修建谷仓，赈灾济贫，妇女们聚在一起缝被子和卖糕点。一旦谁有困难，大家都是立即予以帮助。基金募款人和电视募款节目为奥林匹克运动员以及世界各地的残疾者和灾民募集到成千上万的美元。然而，问题在于这类活动一般都是一次性的——我们捐过之后也就忘却了。我们在某种程度上没有注意到那些需要帮助的人依然处于困苦之中。我们常常在捐款之后对自己说："我已经尽到责任了。"仿佛这捐助是定量分配的。

妨碍给予的原因有很多。许多人常说自己不知道怎样奉献，到哪里奉献。其实，问问别人，看看周围，这些问题就解决了。

我们常说自己没有时间。其实这恐怕是最站不住脚的借口了。在美国，业余时间的最大支出是看电视，平均每天花费大约六个小时。后果基本上就是烦闷、消极被动以及体重增加。假如我们每人每个星期奉献出一个晚上的时间，大家志愿助人的时间加在一起就会是成万成亿个小时了。

对于"给予""奉献"，我们往往理解得很狭隘，似乎那指的只是捐钱。钱当然是重要的，但还有许多事情是钱无法衡量的。例如，天天花一点时间陪伴一位垂死的孤单老人，或者给养老院里的孤单老人送去热饭热菜，或是志愿教人识字，甚至仅仅是耐心听听苦命人倾诉衷情。

最近有一次我乘飞机赴纽约，一进舱门，一位女乘务员就高兴地对我说："我早就想跟你谈谈心，过一会儿我们聊聊，好吗?"她忙完工作后，坐到我旁边，激动地诉说她的遭遇：受到丈夫的欺骗，孩子心理发育不正常，自己陷入失望无助的境地，对今后的出路心中无底。过了一会儿，她突然在一句话说到一半时停住，释怀地深叹一口气，擦擦眼泪，站起来说："啊，我又该忙工作了。巴斯卡利亚博士，谢谢你对我的巨大帮助。"其实我一句话都还没有说。有时候仅是倾听，不评论不建议，也会让人感到欣慰。

我们对别人有所帮助时，自己也会感到莫大的欣慰。归根到底，我们的所作所为无非是表明自己是何许人，我们的喜怒爱憎如何，我们对自己和世界感受如何。作家海伦·科尔顿说过，要知道我们能将什么做得最好，就要问问自己内心爱的是什么，恨的是什么，然后依此而行。

我们每个人都可以给予，可以助人。我们为帮助别人出了力，就做到了一个真正的人该做的事。

魔力悄悄话

我们的世界十分需要助人为乐的人。没有相互帮助，我们就无法生存。我们的成长和存在都有赖于我们的互助。"没有付出的爱，就不是爱"。这是一句老话，却永远有道理。没有关爱的行动，爱就是空话——充其量也不过只是一种抽象的概念而已。

第二章 注重尊严

一个人的尊严是谁给的？其实就是自己给的。

无论是什么层次的人，都有一个尊严的问题，这尊严说到底就是面子，也就是颜面，是做人必须面对的事情，而且每天都要面对，时时刻刻都要面对。如果一个人没有了尊严，没有了廉耻，没有了人格，那就是苟且偷生。

为了尊严，可以跌倒了再爬起来，可以忍辱负重，可以努力拼争，在相对的空间，相对的时间，相对的瞬间，有一个相对的成就感。

合理认识自尊

多年前，我的一位聪明而富有创造性的学生自杀了，这件事完全改变了我的生活。这位学生没有留下任何线索来说明她为什么要结束自己的生命。从各方面来看，她都应有尽有：漂亮，有魅力，家庭美满，前途光明。但是，我觉得，她一定是在生命中的某一刻感到自己失去了个人的尊严。

只有当我们认识到自己作为独特的个体的价值时，才会体验到一种尊严感并建立起对自己生活地位的尊敬。可是为我们点明这一点的人太少了。我们往往变得没有特性，甚至为自己的与众不同感到内疚。我们变得相信自己缺乏应对生活的力量。几乎没有人鼓励我们去尝试、去冒险。很少有人指出我们的特点何在，告诉我们如何去摸索从而发现真正的自我。

我的办公室附近住着一位老人。他行动迟缓，走起路来有点蹒跚，说话慢吞的。他住在一间小公寓里，靠一点少得可怜的固定收入过日子。可他总是乐呵呵的，不论在做什么，一见到邻居总是停下来打招呼。人们几乎总是看见他穿着整齐的工作服，在他公寓前的一片小花园干活儿。这片花园经过他多年的劳作，成了整片街区之中最整洁最多彩的地方。这里种有玫瑰花、杜鹃花、菊花以及各个季节开放的其他一些鲜花。

我有一次问他为什么在这块土地上下这么大工夫，这块地又不是他的，而地的主人倒是显得不操心。他回答说："不错，他也许是不操心，可是我操心。因为我住在这里，这片地就是我生活的映照。"我本来也觉得他会这么回答。左邻右舍都很喜欢他。

2012 年夏天我在瑞士。去过瑞士的人都知道，瑞士人有着悠久的民族自豪的传统。他们都十分珍爱自己的国家。我经常看到瑞士人拾捡街上和人行道上的垃圾，或是对不珍爱环境的人提出批评。"这是我们的家园，"他们说，"如果要让它保持美丽，我们都应尽力爱护它。"

这一态度也体现在瑞士的家家户户，他们都肯下功夫美化环境，窗台上摆满鲜花，每家的花园都收拾得整整齐齐。他们做这些是为了自己，而不是为了外国游人。因此，整个瑞士都令人赏心悦目——干净，美丽而温馨。而在美国，我环顾四周，常常感到痛心。到处可见乱涂乱画的墙壁和公交车辆。有些挺好的房屋无人照管，变得又脏又破。街道和人行道上以及公园和公共娱乐区内常常堆满乱扔的垃圾。

看来，人们的态度就是认为自家之外怎样，都不是自己的责任。人们都这样想："既然别人都不管，我干吗要去管？"于是我们就听任公共场所垃圾成堆，竟然照常生活在其中。可悲的是，孩子们生长在这样的环境里，也就泰然处之："管它呢，反正不是我的事。"

魔力悄悄话

我近来一直在琢磨一个人的骄傲会遇到什么。这骄傲不是傲慢，不是自高自大，而是自尊心、高期望、自我价值，以及对自己所处世界的合理认识。

永生难忘的教诲

我的一位朋友不久前安排一次宴会，在与宴席承办商考虑订什么酒时，承办商建议他订一种便宜的酒："你可以省一大笔钱，反正一般人也不知道酒的差别何在。""可是我知道啊。"我的朋友回答。他订了自己财力所能承担的最好的酒。

有时我们会以为这种自尊心是摆谱儿，是虚荣心作怪。我们自己不想费这个劲儿，动嘴说说别人倒是省劲的。

我小时候家里很穷。我总是穿哥哥的旧衣服，衣服不仅明显破旧，有时还有补丁。我们住的房子也很老旧。但我们总收拾得干干净净，我们穿的衣服也很整洁。我家的墙壁常常重新粉刷，草坪总是修剪得平平的，房周围种着鲜花和蔬菜。妈妈常说："我们家底子薄，但是我们有自尊心，要爱护这些东西。"这些话我永生难忘。

一个人中了彩票大奖，想到的头一点往往是可以从此不工作享清福了。许多人觉得那种日子将是美滋滋的。很少有人想到其实很多快乐都是工作带来的。我们常抱怨怎么老是有干不完的工作，太辛苦了，却没有想到，正是工作让我们时刻提起精神，奋力向上，保持自己的尊严。

魔力悄悄话

我常听到有人说，骄傲本身不是美德。也许如此吧，但我确信它好比是一个胚胎，许许多多重要的美德都由它生长出来。愿它常在。

努力改变自己的生活

不久前，我与一个在汽车产业工作了一辈子，在最近的裁员潮中被裁减下来的人谈过话。这是他头一次处于休闲状态。刚退下来时，还为申请和领取失业补助金忙了一阵子。很快，他就发现自己一个小时又一个小时、一天又一天、一个星期又一个星期、一个月又一个月无事可做了。他对一切事情都失去了兴趣，包括他的家庭。每天早上他都觉得没有劲头起床。他的生活与原先相比缺的只是上班，可他却感到自己每天不知道要做什么。原先他对时间没有感觉，如今却觉得日子难熬。他脾气也变大了，不时地训斥孩子们，跟上班的妻子怄气。

其实，他可以说应有尽有——身体健康，朋友众多，家庭幸福，有自己的房子，有足够的钱维持生活。但他总觉得缺了什么。慢慢地，他意识到自己缺少的是让每一天过得充实有意义的工作。于是他动手重新装修房子，他的生活又正常了。此后不久，他又回到工厂上班了。

几年前我曾拜访意大利北部一个小镇上的亲戚。在他们的生活中，工作占了极其重要的地位。我那些年长的和年轻的亲戚都是黎明即起，下地干活，耙地、锄地、翻地、种植庄稼，有时一直干到天黑。他们不停地劳作于意大利温暖的阳光之下和肥沃的土地之上，一点也没有闲闷的工夫。总有做不完的事等着他们。傍晚，他们回家洗掉身上的泥土以后，欢乐时分正式开始。吃着从菜园新摘下来的蔬菜，喝着从酒窖刚取出的清凉葡萄酒，大家聚在一起谈笑风生，其乐无穷。然后，他们早早就寝，养精蓄锐，准备迎接翌日的劳动。

我知道有人会问："这就够了吗？"对于某些人来说，这样的生活也许还不过瘾。但我的这些亲戚总是开心欢笑，我从未见过如此动人的笑颜。他们的生活很有意义，因为工作总能带来收获。他们无拘无束地从事祖辈传下来的职业，这职业给他们带来物质和情感上的和睦。

我也知道有不少人批评乃至痛恨清教徒以工作为生活第一要义的伦理观念。他们指出许多人的工作枯燥无味，毫无意义，辛辛苦苦无非只是为了周末领那么一点工资。他们认为把时间消磨在自己讨厌的工作上，没有什么好处可言。对这样的感受，我当然也会同意。但我认为身处这样的境遇，就该努力改善自己的生活，提高自己的工作本领。

我们都会面临许多工作，有的是日常的、例行的，有的则富有挑战性。我们知道工作做好了会有收获，这对于人类福祉也是有必要的。只要我们不再将工作视为无可奈何的苦差，而将其视为我们的幸事，生活就会不一样。我们做工作就会有更充沛的精力，有更高的热情和敬意。

不久前，我看了电视播放的关于第二次世界大战的纪录片，讲述的是一些军人因战功卓著而获授勋章的故事，场面很感人。在人群的欢呼声中，国家元首和高级统帅把勋章别在受勋者胸前，有的领导人还亲吻受勋者的脸颊。有一位军人是冒着生命危险拯救了自己的战友，还有的人是英勇炸毁了敌人的坦克或击落了敌人的飞机。

我们都愿向英雄们致敬，因为他们能鼓舞我们超越自己，做到出类拔萃。当然，我觉得他们获授勋章是当之无愧的，可我忽然产生了一个想法：还有许许多多的人亦值得表彰，可他们几乎没有机会得到应有的奖励——没有勋章，没有普利策奖，没有诺贝尔奖，没有公共奖赏。

想想父母们，他们含辛茹苦，呕心沥血，把儿女从小养育到大，始终付出无私爱心而不图任何报酬，他们是该荣获勋章的。

我觉得值得受勋的还有祖父祖母们，他们经过许多年的无私付出，将儿女拉扯成人以后，不是生活在子女的照料下，而是继续充满热情地独立生活。我还愿意奖赏那些为了让大家生活得更好而坚持不懈真诚奋斗的政治领导人。

同样，我愿意授勋给那些坚持理想，发挥才干的专业工作者，他们忠诚而又自豪地为建设一个更加健康、明智和宜居的社会而努力。

值得奖赏的还有我们的那些蓝领工作者，他们致力于我们城镇的安全、清洁和交通畅通，他们的工作被我们视为理所当然，但倘若没有他们的日日奉献，我们肯定寸步难行。

我希望将勋章授予教育工作者，尽管他们薪酬低，教学条件艰苦，往往还受人歧视，但仍坚持年复一年教育我们的孩子，而且多数成果丰硕。我也希望授勋给各领域的科研工作者，他们多半时间都在实验室度过，往往只得到微薄的财政支持，有些甚至得不到财政支持，却依然坚持探寻大自然的奥秘，为改善人类生活作出奉献。

还有许许多多的艺术家、作家、音乐家、歌唱家及其他各行各业的文娱工作者，他们的辛勤创作给我们带来欢乐、灵感和美的享受，他们都应该得到表彰。正是靠了这样一些人，我们的社会才得以运转，他们都值得受到嘉奖。当然，我们也知道有一些为人父母者不配为人父母，一些政客、教师、公务人员和专业人员行为不端，人所不齿。相当奇怪的是，似乎只有此等败类才引人注目，而那些正派的大多数人却默默无闻，他们的辛劳奉献似乎都是理所当然的。

这些好人一般都上不了电视和报刊，受到表彰者微乎其微。他们也不指望什么荣耀。然而我们应该向他们当中的每一位致敬。

我们应该向他们——每一位好母亲和好父亲，每一位优秀的教师和专业工作者，每一位恪尽职守的警察和消防队员——致以慰勉和问候。我想他们并不要求什么隆重的仪式，真挚的感谢、敬礼和慰问都会有重大的意义。

魔力悄悄话

任何一种工作，即使我们不太留意这是什么工作，都是大有益处的。它使我们与人为伍，使我们走进生活，让我们体验新的事物，让我们有收获感。倘若我们知道努力不会带来任何好处，那么思索、感受和策划就不会有什么价值。

尊严的最好奖励

亚里士多德说得好："尊严不在于是否拥有荣誉，而在于是否值得享有荣誉。"尽心尽力把工作做好了，这本身就是奖励。我们不时地表达一点敬意，也是不错的。

我看过的一部未来派影片，对 23 世纪的生活作了阴暗的描绘。那里毫无希望，一片死气沉沉，处处暴力横行。人们都面无表情，被压迫得千篇一律，毫无个性。

近年来有一批书和影片都以类似的阴暗笔法描绘未来。值得注意的是，它们为什么会对未来持有如此严酷的看法。有一种观点认为这种看法是基于对现实的评估——作者认为我们现在正滑向这一条路。个性的丧失就是将我们引向那方向的一个因素，这种现象如今已日益明显。

我的一位朋友常常谈到人们丧失个性这一严酷而又明白无误的现象。他常以政府为例。"我们不过是被当作一种索引卡或集成电路上的一个点，"他告诉我，"我们不过是一种统计数字，每 10 年统计和登记一次。只有在我们未按时交税时，才会有人注意到我们。"

他回忆说，生产者与消费者之间是有联系的。人比利润更重要时，质量和信誉才有意义。他的看法无疑是有道理的。我们有时会感到自己正被扫进一种大众文化之中，这个社会正日益轻视人与人之间的亲切情感。也许这正是我们对科技又爱又恨的一种写照，现代科技几乎实现了我们能想象到的一切，同时又让我们感到空前的孤独。

我的这位朋友在一家办事处工作，每天上班都是一个人待在一个小单间内，面对一台电脑。他每天的作息都由电脑管控，他受到那台机器的管理乃至监督。只有在喝咖啡和午餐时间他才能与同事们有点接触。

在这种情况下，他那种偏激的想法是可以理解的。

但是我相信他的情况基本属于例外，不是普遍现象。在我看来，那些让雇员从事重复、冗长的工作，尤其是办公环境封闭的企业和公司，已日益发现满足人的需要的重要性。这些公司已经意识到，当工作过于机械化时，员工是什么也干不好的，只会产生冷漠和厌倦情绪，会出现神经质的举动，会常常生病，常常需要医疗，精力过早耗尽。

其实道理很简单。我们需要彼此。在我们的日常生活中，任何东西都代替不了人与人的接触。我们需要他人赞赏我们的成就，鼓励我们的创造性。不论我们让生活自动化到何种程度，不论我们能用多少线缆和电路来取代人的劳动，上述的道理是明明白白的。

在一家超市，一位收款员对我说她的工作很快就要被自动化取代了。她叹气说："根本用不着我了。"我努力向她说明，她的友好微笑与温和是任何东西都取代不了的，但她无可奈何地认为老板更看重的是速度和效率。我多么希望她想错了。

1970 年，未来学家阿尔文·托夫勒在《未来的冲击》一书中谈到我们的社会正在变成一个组合件式的社会，人被当作组合件，可以任意塞进来拔出去。他以鞋店售货员为例说明这一点："自觉或是不自觉地，我们都习惯于从功能的角度界定我们与多数人的关系。就鞋店售货员而言，只要我们关注的不是他个人的问题或者他的希望、梦想和烦恼，那么他与任何另一个能力相当的售货员就完全可以互换。"

魔力悄悄话

人们将变得可以互换，这我并不担忧。我确信，不论未来会发生多大的变化，得胜的总还是人类。可是，为了建设一个更美好的未来，我们对变化也不能掉以轻心。

第三章 坚定自己的信念

"你若相信，它就如此！"这我对这句谚语深信不疑。这句话只是我一遍遍向你灌输的思想的一个梗概，听起来似乎略显神秘。所有伟大的宗师们，包括佛陀、孔子、穆罕默德、耶稣和许多哲学家们都曾向弟子们传授这一伟大的基本理念。

《圣经》中有这样一句经文："当一个人进行思考时，他就因此而存在。"你可能已多次听说过这句经文，然而我依然要再强调一遍："当一个人进行思考时，他就因此而存在。"注意到这句和上句的相似之处了吗？简而言之即两个字——"信念"。

信念是成就的源泉

　　我曾听无数人感叹那有神迹的时代已经结束了，但我从未听哪怕一位思想家、我的学员或信徒这样断言过。当然，阿拉丁和神灯的故事是不会再出现了，也许这神话根本也未曾真实出现过，同样的还有那些魔棒啊，神毯啊，以及其他的神话传奇故事。这些故事仅供娱乐。没有任何事实依据，不可能真实存在。

　　当我提到奇迹时，我想说的是那些可以通过信念达成的事情，对信仰的信念、对自身的信念、对伙伴的信念、对一种能力的信念。如果你拥有了这样的信念，并驱走负面情绪的干扰，那这世上就没有什么东西能阻止你实现愿望。任何东西，若果真是你梦寐以求的，就一定能得到——这说法听起来好像有些滑稽，却绝对是真理。

　　信念是成就的源泉，你必须依靠它去获得成功、驱动自己和他人。

　　每一件大事都是始于某一个人、一个有信念的人，而他从哪里得到这种信念并不重要。所有的伟大发明也都是由一个完整的信念衍生出来的。对自己本身、对自己的思想以及自己推动事物前进的能力的强大信念能使一个空想化为实际。所有超级业务员都明白这一点，并很好地运用信念的力量。这就是为什么他们能成为宗教、商品或项目的超级业务员的原因。正是这样一位有坚定信仰的人成了主要的推动者、助力器、领导核心，将自己的信仰推销给了广大民众，一传十、十传百，努力的人越来越多，才激发了一个团体不断向前进步，最终得以成功。

　　好好想想这种情况吧，然后再反复思考信念的力量，加深自己的理解，你就会信服这里所说的每一句话！

　　你可能相信某种宗教、信赖某件产品、信任某种集体动机，这是因为有人给了你这种信念。由于你相信这些人，所以将他们视为权威。他们对你所说的任何话语，你都会不假思索地全然相信；他们推荐给你的观点或是商品，你也会全盘接受或立即购买。这就是信念的力量。

墨菲曾经在电台节目"一世好命"中说过：人能做的最实惠的事情就是对别人好，时时报以微笑和信任——这往往能得到极大的红利。他的说法完全正确：真诚地信任他人总能得到回报。有时，你会错误地信任某人，但这种情况极其少见。大多数人都会格外地努力以维持你对他的信任感。他们可能会放别人鸽子，甚至占便宜，却从来不会让你失望，因为他们实在太看重你的信任了。

有人曾经劝我说："你浪费时间在那些没有本事的酒鬼和饭桶身上干什么呀？这些人靠不住的，一旦有了机会，他们马上就会利用你，甚至还会以怨报德。"

然而，迄今为止，我对成百上千的人怀有信任感，还没有哪一个故意做出有损于我的事情。有几个只是由于自己的能力有限没能处理好事情，却也从未有意"设计"我。因为觉得没能保持在我心中的形象，他们甚至比我还要难过，他们中的大部分都在不断努力尝试弥补自己的过失，挽救他们在我心中的形象。他们知道我仍然信任他们，从未责怪他们，也愿意在我力所能及的范围内随时为他们提供帮助。然而，他们也深知人主要还得靠自己，超过了一定限度，就没人能帮得了他们了；通过信念，他们也找到了让自己能够立足的工作。

魔力悄悄话

有时，一些投机取巧的人会误导你去相信假象。当你觉察后，往往会大失所望、痛苦万分，说你再也不会相信任何人。然而，你做不到，因为信任是人性最基本的特征之一，你潜意识里愿意去相信自己、相信他人。试想，如果人与人之间缺乏信任，这世界将会多么可怕啊。

把你的信念付诸实践吧

经验是最伟大、最严厉的人生导师。经验让你认识到自己的错误，最终使你受益。然后，你就会意识到你需要借助一种比自身更加强大的力量来帮助你解决问题、理顺思路；这时你就已经在正确的道路上进发了。

就这样，你发现了内在的潜意识并认定自己可以信任它，这种信任在你的体内形成了一股强大的磁性，着手为你吸引来你相信自己能达到的结果。当你看到你所设想的事物通过信念向你款款走来，忍不住惊叹道："果真如此呀！"

这只是小规模的康复疗法过程，可能不具备正统意义上的规范意味，但确是属于精神和玄学领域。从古到今的精神领袖都在用日常生活语言阐述这个道理。

在我们身边，不断进行着各种各样精心策划的运动，其目的是为了让你相信这个或者相信那个。

请静静地思考一下：什么是宣传，无论是出于好的还是坏的目的？无非就是一套精心策划、恰到好处、富于独创性的、目的是让你信服的计划。

你知道这种方法曾被用于以往的战争年代。如果你还对时事有清醒的认识，你就会知道它在当今的应用比任何时候都要广泛，几乎充斥了人类生活的方方面面；而且其发生作用的方式与数千年前没什么区别，将来也不会改变。

宣传战的阵地便是人类的头脑，它在全世界，在自由国度和奴役的国度，在暴力战争前后如火如荼地进行着。切莫对这些鼓吹掉以轻心，请确保自己的思维公正、可靠，且占有未经处理过的事实真相；如果不具备这些条件，就请保留自己的判断，不要让那些听起来美妙的精神鼓吹战胜自己的直觉和理性。

如果你在看报、听广播、看电视时留心我所讲的主题，你就会发现我们的领导人、大法官的言论就像钟摆一样有规律地出现在我们眼前，响起在我们耳边，其目的只有一个，那就是让你相信。这些人深谙此道。

尽管如此，在你相信之前，你要研究他们所说的内容，得出你自己的结论，让你自己的思维尽可能地公正，没有偏见。

任何一个走上正轨的人，若能谨记我所说的"你若相信，它就如此"，并执行"有志者事竟成"的箴言，都能够实现自己的理想。

换句话说，只要你拥有意志、信念、信仰，每分每秒孜孜不倦地工作，抓住一天 24 小时，一周 7 天，一年 365 天。我向你保证，你一定会快速进步，出类拔萃。

你已经对祷文的功效有了一定的了解了。除了表达由衷的、迫切的、诚挚的心愿以外，祷文还是什么呢?《圣经》曾经教导我们说:

"正如我对你所说，不论你渴望得到什么东西，当你祈求得到它的时候，你一定要相信你已得到它，那么你就会真的得到。"

这就是真埋!

所有人都了解愿望对人的巨大作用，也了解伟大的愿望何以影响事件本身的进展。数世纪以来每次经济飞跃都根源于人类想要造福自己的愿望。然而，我们必须相信，必须拥有信念，否则，即便是最深切的愿望也会化为泡沫。

《圣经》还说:"你若能信，在信之人，凡事都能。"

这些你以前都听说过，然而你是否已经或正在照着去做?

相信信念具有这样的特质:在你控制它之后，它也必须控制你。它必须深入你的内心，由内而外发挥作用。

当你充分信任某一事物，你就会让它存在于你的脑海，唤起内在的创造性为你工作，将它在你的实际生活中复制出来。若这个图像，你展示给潜意识的有关自身愿望的本来画面，没有被恐惧、担忧、疑虑等情绪所改变，终有一天会原原本本地变为现实。

请相信：拥有信念，并重复我所说过的话"你想要的任何事物皆能为你所有"，从而让你的大脑产生深刻的印象。

魔力悄悄话

信仰会把你带到想去的任何地方，而怀疑则会使你向相反的方向移动；信仰会使周边条件优化，而怀疑则会使其劣化。

信念的巨大力量

你是否认为信念的作用并不实用？你是否认为它不可能具备我宣称的那些功效？那我们就来看一个真实的故事吧——那是 1949 年的 9 月，海军水手比尔·托尔斯，一名来自密歇根州罗契斯特的 19 岁小伙子被一阵巨浪掀下了船去，当时他并未穿戴救生衣。那是凌晨 4 点钟，他一个人漂在茫茫大海上，远离了非洲的海岸线。没有人知道他落水了，当他的身体接触到水的那一刻，他就知道自己得救的可能性几乎为零！然而，年轻的托尔斯并未陷入巨大的恐慌之中，他踢开自己的工装裤，将裤腿下端扎紧，使裤身充气膨胀，从而形成一个临时的简易救生衣。

在讲述自己的故事时，比尔·托尔斯说他曾试着采用一位军人的做法："不要为未来担忧。"他感到自己将会在早上 8 点船员甲板集合检阅时被发现失踪，由于他们所乘坐的军舰已经远离常规海岸线，那时搜救飞机就会出动寻找他。

比尔·托尔斯努力控制着自己，他甚至试图将头靠在工装裤的一条裤腿上睡一小会儿，然而大浪不断地拍击着他，令他清醒。为了遏制自己的恐慌，这位年轻的水兵一遍遍地重复："上帝，请求你，让我得救……上帝，请求你，让我得救……"

然而，早晨来了，又走了，却没有飞机的影子，这时的比尔有点泄气了。由于一直被海浪拍击，又呛进了许多海水，他开始有点头晕。然而，他依旧没有丧失信念，还在不停地祈祷："上帝，请求你，让我得救……上帝，请求你，让我得救……"

下午 3 点钟，比尔已经落水 11 个小时了，一艘美国外贸货轮上的水手发现了他。看见漂在海水中的比尔，那人显得十分诧异。

然而，更为惊诧的是，这艘货轮的船长甚至无法解释为什么他们的船改变了以往的非洲航道，却走了一条西班牙航道，在这里，刚好和返航的海军军舰相交汇！若他没有这么做，就不会在茫茫大海上穿行几百英里来到这个地点，遇到有着坚定信念、正在等待救援的比尔！

比尔的体格确实很棒，在海水中经过了长时间的颠簸之后，他依然独立爬上了货轮的梯子。全体船员共同举起香槟，为他的获救而干杯。

在这样的证据面前，你还会怀疑"在信之人，凡事都能"吗？

是什么力量推动船长在几百万平方英里的茫茫水域中改变航向，不偏不倚地驶向了这一地点，救起了那深信自己能获救的人？

人的思维和精神没有局限性。当你对生活有所求时，就更容易理解、相信并说出"它确实如此"！在遇到紧急情况时，不要总是强迫自己必须在某一特定时间前得到解答，因为潜意识从不会在人类的时间概念下工作，规定时间的做法会令自己紧张，从而对自己会及时得到帮助产生怀疑。

你唯一要做的就是坚信救星会在你最需要的时候出现，这样的心态能使你从自我强加的局限中解脱出来，为你提供你借以面对危机的帮助和指引。

永远抛掉你的疑虑，因为：你若相信，它就如此！

魔力悄悄话

若你坚持自己的信念，总有一天，你的航船将会找到你，船上满载着你所希冀的各种物品。这种信念必须积极向上、充满希望、毫不动摇、绝对虔诚，否则就没有能力推动内在的潜能。而它只有被你激活，才能吸引来你所想要的东西。

你的信念足够强大吗？

若你梦寐以求的东西需要花费数年的时间去实现，你能为这个梦想坚持多久？你的信念会动摇吗？你的热情会消退吗？你是否会因看到眼前困难重重而认定自己不可能战胜它们？你是否会和自己妥协，设定的实际目标比最初的梦想容易得多？

左拉·阿德勒是加利福尼亚州格伦代尔人。一个让她心心念念22年的"白日梦"终于在她和丈夫丹的共同努力下结出了硕果。

在我看来，这是对于远大的目光、坚定的信念、永不放弃的精神以及和谐融洽、精诚合作、和内在潜能完美运作的一个最为振奋人心、精彩绝伦的阐释。

以下便是阿德勒女士讲述的关于她自己的故事。

我想我的梦想真正始于22年以前。那时，我在格伦代尔眺望着远远高于我家屋顶之上的群山，对我的丈夫丹说："以后我们在那上面建一座房子吧！"

9年之后，我们确实在半山腰建了一座房子，正好位于我家已有的房子和我梦想居所的中间。然而我的心却依然停留在山巅，梦想着在那最初看到的地方能拥有一所自己的房子。

我向周围看去，发现大多数人都眼睛看向地面、行色匆匆，为了让女儿能向上看，我决定带着她俩上山远足，那里绿树成荫、薄雾缭绕，毕竟这里能带来更多更美的风景。

长途跋涉之后，我来到了一片高地。从那里俯瞰，整个圣费尔南多峡谷尽收眼底，接着是洛杉矶、长滩，我甚至能看到圣莫妮卡、帕利塞德斯——于是，我立刻就爱上了脚下的这片土地。

带着几乎不可抑制的狂喜，我对女儿们说："让我们在这里盖座房子吧！"她们也显得异常兴奋，尽管还小，她们却也爱上了这个地方。但是，请想象一下，这离我们盖起新房才将将过了3年，我却产生了这样惊人的想法，说出了这样的一番话！

接着，就像害怕此地会忽然消失一样，我们飞速地跑回家，好让她们的父亲也能一睹我们新家的选址。

我不由自主地想，看到我们对另一地址的狂热兴趣，他有可能会十分恼怒，并怀疑他的妻子是不是个贪婪不知满足的女人。然而，令我深感惊讶和欣喜的是，他静静地跟着我们来到了山顶，当看到那美丽的景色之后，他说道："查查这片地归谁所有。"这已经是13年前的事情了。

第二天一早，我就赶到格伦代尔市政厅，查出那片地的主人是居于圣迭戈的杰宁斯夫妇。

于是，我给他们寄去了一封问询信，并期待这地正在出售，这样我们就可以买下它。毕竟从一开始，我就从未对这片地将属于我们产生过任何怀疑。

当杰宁斯先生回信告知我们可以购买时，我一点也不感到意外。然而奇迹到此为止还并未出现。由于刚建新房、事业才起步，我们还想要更多的孩子，地价已远远高出我们的支付能力，总之，我们不应该贸然买地。然而，每一个周末的午后，我们都会来到"我们的乐园"，在土地上描绘家园的蓝图。

那个周末，我完成了那个绝妙的蓝图，我甚至可以看到那座小楼已经亭亭玉立地站在那里，于是我和丈夫、女儿一起，激动地跳起了舞蹈。

这时，一对老年夫妻也到了山顶，我注意到他们在看着我们。过了一会，他们慢慢地溜达了过来，看着地上的"蓝图"和我们搭讪。

那位老年绅士说："我看你们在画房屋模型。"

我答道："是啊，我们要在这里建座房子！"

老年绅士问道："你对这地点感兴趣？"

"当然了，非常感兴趣。这是我们的乐园和我们新房的选址！"

这位老绅士笑了，说道："有意思啊，鄙人是杰宁斯。这块地的产权就是我们的。"

我听后吃了一惊，说道："杰宁斯先生，很高兴认识你。但是我不会收回刚才说过的任何一个字。我们不会马上在这里盖房子，但将来肯定会的，这点确信无疑，我想我应该向您告知。除此之外，这周围还有三处地方，您会做我们的邻居吗？"

杰宁斯先生笑着说他们很乐意和我们做邻居。他们会在前面的那块地上建房，那块地比我们的低大约50英尺。

在接下来的11年中，杰宁斯先生给我们写过3次信，每次都是说他准备卖掉这块地，若我们还感兴趣，就及时通知他们。我总是回信说我们还感兴趣，但由于时机不成熟还得接着等。

最终我告知他关于卖地的事情请他自便，他可以将地产推向市场。然而在信中我却还郑重其事地说阿德勒夫妇将是这块地的最终买家；即使他打算同时再给这块地找一个别的买家，也只是在浪费时间做无用功。后来谈及此事，我们都笑了，但是他从未真正意识到我写下这些话时是多么的严肃认真。

弹指一挥间，11年就过去了。我又一次联系了杰宁斯先生，告诉他我们已有实力买下这块地了！他立刻来到格伦代尔和我们签了合同。那一刻的感觉是如此的美妙和满足！当我们起身离开办公室时，杰宁斯先生握着我的手说："阿德勒女士，我想你把霉运强加于我了！"

"哦，不，不可能，杰宁斯先生，我从来不对任何人做这样的事情！"

"好吧，根据您所得的信息，您应该知道我们曾有三次像这样坐在办公桌前签署土地买卖协议的机会，然后发生了某些情况，交易就彻底失败了。您一定在这件事上下咒了。我们其他的地都已经卖出去了，而这一块很明显是专门给您预留的！"

"我也许应该告诉他，如果不说22年，至少13年前，我已经把这个愿望托付给上帝，而现在我梦想中的房子已经变成了现实！"

然而，事情到此还远未结束。

当最终买下这块地后，我们去咨询了一个建筑承包商。他看了看图纸，对我们说除非有 36000 英镑，否则这房子盖不起来。我大笑了起来，问他认识的人里谁能有这么多钱。他却回答说事情错就错在像我们这样的人居然敢这样异想天开。他还说我们该做的就是找一个建筑师，让他根据我们的财力盖一座房子就可以了。最后我只好说了句"那不是我们理想中的房子"就离开了。你看，既然我描绘出了所有的蓝图，就不会在其上打任何的折扣，做任何的妥协。

无论怎样，我还是产生了一丝丝的挫败感。这时，我亲爱的老公对我说："你的信念哪里去了？我们会盖起那座房子的。只是他不是为我们盖房子的合适人选。建筑承包商多得很，让我们去问问布朗先生吧，他在这方面了解甚多。"

我们做到了。布朗先生给我们设计了一个可行的方案，恰恰只有一位建筑承包商拥有方案所需的所有工具设备。建成后的房子的每一个细节、每一扇门窗甚至每一个钉子都和我们设计的一模一样。——而且，房子的建筑成本远远少于 36000 英镑！真是一切皆有可能啊！

现在我梦想中的那座房屋已经完工，我很期待入住的那一刻。每个到过这里、见过这座在上苍协助下建成的房子的人都会说这处住所给人的感觉与众不同，它并非只是一处住所这样简单。甚至建造房子的工匠们也都和我们心意相通、倾尽全力，平和、融洽、满足的氛围盈满了每一个角落。

很有趣的是，我们购买土地的时间也是最合适的，漫长的等待是值得的。若我们在之前买，很多相关权益得不到保障，而我们当时甚至还得到一个免费的下水道！而且值得一提的是，我们买那块地的价格比之后的一块地便宜了好几千英镑，确切地说，是 3000 英镑。而且如你所知，现在我们位于山顶的那块地比周围其他地块要抢手得多！

现在，你如何看待所谓的"白日梦"呢？就像阿德勒想要得到他们梦想中的房子，这一过程需要持续多年，而且并不能一蹴而就。他们先是找到了理想的房址，然后在头脑中描绘出了房屋的模样，接着又画出蓝图，他们坚信自己总有一天能买到梦寐以求的地块、建造出理想中的房屋。而这一切需要毫不动摇的意志和持之以恒的精神，需要对目标永不消逝的热情，需要不受外界干扰的定力，永不妥协或修改原有的梦想，无论如何都坚持不懈！

魔力悄悄话

若你能深信不疑，毫不动摇地坚持自己的信念和梦想，"白日梦"也能拥有生命力；若你能坚持到底，白日梦也能最终成为光辉灿烂的现实！

第四章
聆听自己的声音

　　诚如前文所言，思想是帮助你实现自我突破的强大能量，但请务必记住一点，那就是我们脑中的很多思想完全不是我们自己的！我们被他人的思想所塑造；被我们在交谈中听到的、在报纸杂志和书上看到的、在电影电视电台里听到的，甚至意外地被旁观者的议论所塑造。这些思想时常连珠炮似的轰击我们。其中一些与我们脑海中最深处的思想协调在一起并打开了通往人生中更广阔视野的道路，于我们是有益的。但太多的时候，这些思想令我们心烦意乱，削弱我们的自信心，并使我们远离更高的目标。

看看爱迪生是怎样做的

做到倾心聆听并非易事。孩提时代的你可能发现当需要说话时，你必须在一片喧闹声中提高嗓门，才会引起别人的注意；成年以后，你可能将主宰和掌控别人能力的大小作为判定成功的一种标准。若果真如此，想要开发全心全意聆听那内在声音的智慧，无论你用哪种称呼，就并非易事了。

已故的伟大发明家托马斯·爱迪生是倾听"内在声音"的天才。当他从事一项发明，努力解决左右其成功的核心原理问题时，就会将所有已知数据存储在意识中，然后静静地躺在实验室的条凳或沙发上等待着"灵光乍现"。

每当这位老人"小憩"的时候，他的助手总会悄悄地离开。而当他最终醒来，往往已经成竹在胸了。虽然有的时候，他需要好几次这样的"小憩"，正确答案才肯光顾，但是答案却总是这样降临的。只要他通过恰当的研究充分刺激内在的创造性潜能，这种潜能就会自动为他找寻出正确答案。

1931 年 10 月 21 日的报纸上刊载了一则报道，讲述的是爱迪生和他的两个助手弗雷德·奥特、查尔斯·达利如何通过长达 50 年的艰辛研究最终发现了制造合成橡胶的秘密。

这篇报道写道："星期一，他开始坠入无意识的状态。他正在给潜意识创造说话的机会。然而达利和奥特还在专注于各自的实验。然后到了星期二的晚上，解决方案从一片神秘的虚无中闪现出来。神秘的虚无是指称爱迪生或是他助手的内在意识的很好的说法。"

这个答案就像从天而降一般，绝非出自任何理性的思考。"瞧瞧，答案就在这儿！"潜意识敲了敲他的脑门，对他说道。通过对他脑海中存储的所有实验数据进行过滤和提炼，它瞬间就展示给他如何制造合成橡胶这一难题的解决方案！

当你认定了自己的目标并为之全力以赴时，你内在的声音就会不断地给你指引。然而，若你犹豫、不安、烦乱、焦虑、怀疑、胆怯，就无法聆听内在的声音，这些干扰已经将它从你的心灵中赶了出去。

有个人从英国给我来信说："我曾间接被某人利用去做我毫不相信的事情，为此我感到很不高兴，但又不愿意得罪那人（你看，害怕让我畏缩不前）。有一次，我在院子里一边除草一遍考虑当下的处境，突然之间，某个东西似乎蹦了出来——一个内在的声音在命令我，让我不再害怕。于是我丢下锄头，径直走到那人家中，将我的想法告诉了他，最终使自己免遭'迫害'。告诉你，从那以后，我感到自己就像换了个人似的！"

魔力悄悄话

当那微小的心声建议你去提出要求，请不要畏畏缩缩，没什么好怕的。若别人不知道你的想法，又怎么能帮你呢？所以你必须大胆请求。或者当你感觉需要为某事请求某人时，请别犹豫，放手去干吧！

学会聆听心声

当内在的声音真正响起，就表明你该做好行动的准备了。请像这位英国人一样扔掉锄头，或任何手边的活儿，去做你内心驱动的事情。然而在这之前，你得确信自己已经学会分辨什么是"内在的声音"（来自潜意识的信息），你得确定向你低语的并不是自己的愿望、想象或恐惧之类的情绪。

贞德只是一位普通的法国农民的女儿，然而由于她听从了内在声音的指引，最终激励法国人将英国军队赶出了奥尔良，并使查尔斯成为兰斯的国王。

在那些关乎国运的内战岁月里，在那些稍纵即逝的夜晚，亚伯拉罕·林肯静静地聆听"内心的声音"，他得到的信息变成了许多英明的决策，把美利坚合众国从分崩离析的边缘拯救了回来。

马克·吐温笔下的人物也曾对他诉说。他清晰地听到他们在自己的脑海中交谈，于是便将这谈话如实记录下来。马克·吐温极其信赖自己的潜意识，他相信直觉，总聆听那"内在的声音"。

为了听到来潜意识的信息，你必须让自己的意识变成乐于接受的状态。当然，如我们所知，理性分析、衡量利弊、数学计算是只有意识才能完成的任务，潜意识不可能做到，它能做的只是将信息传达给意识罢了。

你可能听过这样一句话："遵从你的直觉。"那么直觉究竟是什么？它又从何而来？答案是它来自潜意识的运转。心理学家告诉我们要想使大脑处于乐于接受的状态，你就必须全然放松。若你有过躺在按摩床上，在按摩师的指引下慢慢放松自己的体验，你就能领悟我的意思了。

　　请让身体变得柔软。若你刚开始感到困难，请先试着放松你某一侧的手臂，然后是双臂，接着是双腿，直至全身都变得柔软而放松。随着这一过程的进行，头脑也会自动放松下来。完成这一切之后，请你专注于自己的愿望，这时直觉就会到来。请将它们牢牢把握，并遵从那微小声音的指引将其付诸实践，切莫分析，切莫辩解，而应将你所接收到的任务当即完成。

魔力悄悄话

　　当你试图专注于潜意识，聆听内心的声音时，你就会理解心理学家、玄学家和这些专业的学生们所说的停止、放松——什么都别想的用意何在了。当你一点点进步，你将能逐渐体会到当东方的先知说出如下话语时，他的大脑处于怎么的状态了："请放松身心、冥想、进入大沉寂。继续冥想，你的烦恼将会化为无形。"

遵从内在声音的指引

当直觉轻扣意识的门环，你就须认真聆听它的教诲，而且每次都应该如此。

切莫对"内在的声音"充耳不闻，你的潜意识能够敏锐地觉察到意识注意不到的状况和情形。

你一定听人这样说过："某个声音曾经提醒过我应该防着那个人，本应该做这件事情，或本不应该做那件事……但我没有在意，等我意识到已经太迟了。我真希望当时遵从了这些直觉的指引。"

它一直就在那儿。

若能得到你的应允，"那个声音"会努力为你提供多方面的服务。

一位想找合适对象再婚的寡妇急于离开纽约前往加利福尼亚买房。于是她拜访了一位居住在长滩的朋友，让她带着她查看待售房源。

她对一套房子非常中意。这套房子的主人，一位妻子离世的男人，也爱上了她。

最终，她没有买房子，而是嫁给了他，而这样她也拥有了这座房子。而且，他们是我迄今所知的最为幸福的夫妇之一。

在这个案例中，"内心的声音"引领她到三千英里外找到圆满的解答。

但是，除非你像这位妇女一样得到内心清晰的指引，否则就不要抱着寻找爱情的态度进行长途旅行。

你的爱情也许就在转角处，在你等巴士、逛商店、看牙医、逛公园、徜徉图书馆或参加社交活动时就能遇到。

但是，若你设想遇到自己的意中人，这种感觉又如此的强烈持久，你就会产生一种内心的冲动，这种冲动促使你出现在合适的时间、合适的地点，让两个人走到一起。

魔力悄悄话

是的，那个你渴望遇到的人也同样渴望遇到你。由于潜意识不会有时间和空间上的局限性，你们迟早都会遇见对方，到那时，"内在的声音"会分别告诉两个人"对方就是你苦苦找寻的另一半"。

你其实并未听到心灵的声音

偶尔，我会遇到这样的人，他们不无严肃地告诉我他们"听到了声音"。这种声音不同于"指引的声音"，往往是由某种情绪不稳或神经混乱引发的幻觉的信号。这种状态可不是我们想要的，一定要及时克服。

对于那些听到声音的人来说，这种声音是如此真切，以至于他们坚信他们要么是迷上了某个模糊的实体，要么是现实生活中的某个人对他们有意思。当这种情形出现时，他们往往会被吓倒。

有一次，我正坐在电台播音员约翰·尼布莱特位于芝加哥的办公室里，这时一位年轻漂亮的女士突如其来地闯了进来，对约翰说："好了，我在这里了。你不停地叫我，现在我来了，说你究竟想干什么吧。"

尼布莱特先生吃惊地盯着这位年轻的女士，然后觉得这可能是个笑话，于是就大笑起来。

"一点也不可笑，"这位女士极其愤怒，"我晚上无法入睡……你一直在对我喋喋不休，我总能听到你的声音。请闭嘴吧，你快把我弄疯了！"

尼布莱特立即明白了这是怎么回事，于是转而向我求助。

"这位先生是心理学家，"他向那位女士介绍我，"我从来没呼唤过你或对你喋喋不休过，我之前从未见过你。我确定这些都只存在于你自己的头脑中，他可以解释给你听。"

瞧，说得多轻巧啊，我这就被派了个活儿！很明显的，这位年轻妇女是情绪失衡，而且由于经常收听这位电台播音员的节目从而处于一种胶着状态。他声音中的某些特质吸引着她，使她情绪激动，从而不由自主地陷入了想象中，因此就像她讲述的那样，大脑里总回响着他的声音。

奉献——俯首甘为孺子牛

"要是我一直在想他，我倒不如跟他在一起算了。"她依然坚持说，"他在撒谎，他确实想占有我，用传心术来诱惑我，而根本不需要见过我的面。他的意念那么强大，能到达我的心里，并使我按照他所希望的去做。"

我花了好几个小时让这位女士相信她认为自己听到的声音其实是自己情绪紊乱的产物。在这几小时里，她一直斥责这位播音员对他有不良企图，并请求他放过自己。

在我的解释下，她终于有所好转，离开了办公室。离开时，她感到十分尴尬，为她所造成的麻烦表示歉意，并感谢我让她从妄想症中解脱出来。而这时，我的播音员朋友却要精神崩溃了。

"若再发生一次这样的事情，我就放弃广播！"他发誓道。

我之所以讲述这个例子是为了清楚地表明"内心的声音"与上述的声音没有任何联系。实际上，当你面临问题或复杂的境况时，它会催促你，会确信无疑地告诉你该怎样做、该怎样说、该朝哪个方向前进。

通过简单的训练和练习，你就可以把直觉、"内在的声音"与自己的主观想象、一厢情愿区别开来。虽然两者的异处难以言明，但是你可以体会出来。你将不会再被错误的印象牵着鼻子走，当真正的你，在你的内心深处，在那创造性的核心对你诉说时，你就会深深地感受到。

然后，你就会勇敢地面对所有的人生境遇，就像它们注定会发生一样。你对自己说："我之所以这样做，是由于受到内在声音的指引。"

魔力悄悄话

它并不能被称作一种声音，而是一种智慧、一种急智、知识，或是直觉的闪电，是你与潜意识沟通的桥梁。

第五章
拥抱积极的能量

正能量是一切予人向上和希望、促使人不断追求、让生活变得圆满幸福的动力和感情。

我们能接触到的所有物质都具有正能量，同样，每个人身上也都具有正能量的因素，就看人们能否将其发掘出来。

如果将人的情绪分类，那么博爱、感恩、信任、豁达、进取等属于正能量；自私、负义、猜疑、沮丧等则属负能量。

拥有上述正能量者，无论是在生活中还是在职场中都能如鱼得水。

你当下的状况取决于之前的思路和行动

　　我认为这世上没有哪个聪明人不对保持进步状态心向往之，然而我却常常困惑于这样一个问题，那就是：是否我们中的绝大多数身上都有某种消极因素或者惰性羁绊了我们前进的脚步。

　　我想先讲一个古老的故事：

　　两个昏昏欲睡的黑人沿着密西西比河堤顺流而下。其中一个打着哈欠，伸着懒腰叹息道：

　　"唉，我真希望我能有一百万个大西瓜！"

　　另一个黑人听了，就问道：

　　"拉斯特，假如你真有了一百万个西瓜，分给我一半行么？"

　　"绝不可能，先生。"

　　"那四分之一呢？"

　　"不行，我不会给你的。"

　　"拉斯特，假如你真有了一百万个西瓜，就给我十个总可以吧？"

　　"别做梦了，连十个我也不会给你。"

　　"那么，你总不至于连一个也舍不得给我吧？"

　　"听着，山姆，假如我真有了一百万个西瓜，你连一块都休想得到。"

　　"为什么呢？"

　　"因为你连梦都懒得自己去做！"

　　这个故事带给我们的启示太多了。跟着我的脚步，你会慢慢理解。

　　你是否认为生活给予了你应有的回报？你是否认为你做出了相应的

努力？我要告诉你的是，生命并不是一条单行道。

你当下的状况取决于之前的思路和行动。任何事情的发生都不应被看作意外。你的思维、情绪和态度引发的一系列因果反应的总和，造就了此刻的你。

魔力悄悄话

好好照照镜子，认真研究你的一举一动吧！它们正在向你轻声诉说，那一举手一投足无不折射出内在性格的信息。仔细观察自己的一颦一笑吧：你思维方式的秘密就隐藏其间。看一看你有着怎样的眼神，是否自信、坚定、积极？能不断突破自我的人，一定是积极进取的人。

积极进取的人最有魅力

你是一个具有的魅力的人吗？

人格魅力是一种强大的力量。这种极具磁性的人格魅力属于拥有自信、敢于自我肯定、目标明确的人。他知道自己将要去往哪里，如何到达哪里。强烈的目标意识生动地写在他的脸上。尽管他岿然不动，却如磁铁吸引铁屑一般，将周围人聚拢在他强大的人格磁场周围。

当你逐渐了解了自己，你就会产生同样明确的目的意识和不断进取的决心。过不了多久，这种决心就会充满你的眉宇、丰富你的言谈、指导你的行动。

你曾听人说过，有一类人具有能够洞察一切的极具穿透力的目光。那究竟是什么在发生作用？那是内心深处熊熊燃烧的火焰、澎湃的热情，随你怎样称呼它都可以。具有这种目光的人往往能够马到成功，他整合利用身边资源、推动事情向前发展、吸引着成功的到来。

积极进取、与时俱进有助于你培养并提升自己的人格魅力。

学习、研究、工作，永不止步；培养敏锐的观察力，养成迅捷的行动力，汲取强大的推进力。让你的生命充满激情，并用这种激情去感染周围人。你的出现将鼓舞他们的斗志，你的磁场也将辐射到他们身上，他们会因此而喜爱与你相处。就像你曾听人说过的那样："和某某人在一起时，我受到了极大的激励，他总能给我·种蓬勃向上的力量！"

请充满自信与激情，释放出你内心深处的火焰——那种不断进取的热情——你周围的世界也将会和着你的节拍震动。

首先请反省你自己，然后观察你周围的人。在这些人中，谁没有成功的潜质，谁注定一事无成，你一眼就能看出。

你是否更像第二种人？如果是，请赶紧改变吧！

"要是我们受制于人，亲爱的勃鲁脱斯，

那错处并不在我们的命运，而在我们自己。"

如你所知，这句话是威廉·莎士比亚的名句。显然他懂得使用自己的内在力量。正是由于善于发挥自身的创作天分，他才能在世界文学殿堂中出类拔萃，赢得崇高的荣誉。

是的，若此刻的你不那么令自己满意，那么，命运无罪，自己有责。

若你胆小怕事、畏缩不前、受制于人、难以突破现状，请不要感叹命运不济、抱怨社会不公、责怪世事艰辛，责任全在于自己。在这里我再次建议你，请改变人生的轨迹，增加新的高度，动手描绘出理想的蓝图并朝着目标高歌猛进。

请注意，思想是条双行道。正确的想法能成为你前行的动力，而错误的想法则令你不进反退。

我想你知道，当你心情抑郁的时候，周围人也会闷闷不乐；当你言语沮丧的时候，很多人也会跟着泄气；这就如同气压计的水银柱下降预示着天气将有变化一样。因此，不要总向周围人讲述你的苦难和麻烦，没人愿意听，别人已经够烦心的了。

魔力悄悄话

所有人都欣赏那些积极向上的人，这类人往往昂首挺胸，目光炯炯有神。同样的，那些无所事事、游手好闲、胸无大志的人在哪个组织中也能被人一眼认出，因为他们总是含胸驼背、双眼呆滞。

剔出消极思想　实现自我突破

　　试着想象你将自己的痛苦和烦恼仔细整理好，整整齐齐捆成一束，抛到路边。你甚至还可以想象你看见自己将他们扔下一座大桥，这样，所有的痛苦和烦恼都顺着河流漂走了，再也不会回来找你麻烦。

　　也许你会说："但是这种想法不可能实现啊。"那么我问你："就算你背负着这些烦心事，让他们不断从身体和精神上折磨你、拖垮你，又能解决多少问题呢？"

　　假如焦虑有助于解决问题，那我就一天焦虑 24 小时。但遗憾的是，焦虑，只会增加你的烦恼。

　　若把世界上所有的习惯性焦虑者排成一队，其长度差不多能从地球到达月球再绕回来。你见过许多这样的人，他们的天空乌云密布，好像随时都会下起雨来。他们是忧郁协会的忠实会员。在他们眼中，发生在自己身上的每一件事要么本身就是坏事要么将会导致坏事。他们暂时失去了看到事物光明面的能力。这种人无法享受当下的乐趣，因为他们不是在为失败的过去叹惋，就是在对未知的将来感到恐惧。

　　我认识一位思想和精神修为都很高的智者。他曾经对我说过："你一刻也不该忘记生活是一个个人命题。有些时候，不论你多想将责任推卸给别人，或者逃避掉自身经历带来的不良后果，你都该知道，你生活在一个前因后果的世界中。在这个世界上，任何事情的发生都不是意外，而你自己，用你的思维，亲手种下了原因的种子，无论这种子是好是坏。"

　　在我自己的人生中，我已经一次次地证实了这番话，你也不例外，假如你愿意承认的话。但是，当我对一些人说起这个观点的时候，他们却驳斥道："看这个想法有多么吓人！你的意思是说我自己引来了失败、债务、疾病、厌恶、丧失友谊、不幸……?""是的!"我答道,"如果你碰到了这些状况,只能责备你自己。""但是我从来没设想过这些情况呀。"他们会说。

是的,也许他们并未直接设想过这样的情形,他们预料不到自己将会面临失败、资金困难、健康不佳、缺乏人缘、失去朋友,最终郁郁寡欢。但是他们的头脑中其实有过这些想法:

"你难道不知道这样的悲剧会发生在我身上吗?"

"不用尝试了——我没有这个能力。"

"我不想去见他(她),我知道我不可能会喜欢他们的。"

"这次仅仅是运气好罢了,我得到的结果一直差得要命。"

"天哪,我感觉太糟糕了,真想死了算了。"

"我快要崩溃了——简直毫无出路!"

"是的,我今天确实心情很好,但这并不说明任何问题,没准儿明天就没这么好了。"

这难道不是些绝妙的建议吗?请你根据头脑里既有的知识试着设想一下:这些想法中有哪个能给人带来好运?

相反的,这样的想法只可能带来一种结果。然而,我们中的许多人在情绪低落时,往往不经意间产生类似想法,然后又抱怨为什么他们的生活总是错误百出。

魔力悄悄话

振作起来吧!如果你一直背负着过往的沉重包袱蹒跚前行,不但无助于你解决问题、抚平内心的痛苦,反而会令你失去自我,留给别人不好的印象,带给自己不好的运气。

做好面对一切的准备

我们生活在一个了不起的时代，一个精彩绝伦的时代。然而，对于那些尚未准备好的人来讲，这是一个令人困惑、惊心动魄的时代。

在这个时代，人们生活的节奏和社会发展的速度还在惊人地增长着。不断出现的新生事物令人目不暇接；越来越多撼天动地的发展规划正在紧锣密鼓地进行；许多年前认为不可思议的想法如今一个个变成了现实。这个时代，任何事情的出现都具备可能性、甚至必然性。

你必须保持头脑灵敏、思路开阔，以便于和活跃的内在潜能进行及时沟通。只有这样，你才能适应即将到来的各种变化，才能让自己拥有迎接挑战的眼光、洞察力和勇气。你必须学会如何领悟真相——去接受那些诉诸你的过往经历、理性和直觉的东西；对于不熟悉的事物不要妄下判断，直到你亲自验明了它的正确性为止。对于你而言，光学习大脑的运作规律是不够的，你还须学会如何合规律地使用大脑。

达到这样的境界应该成为你伟大的人生目标。在今天这个日新月异的世界里，它将成为你行动时的指南针、困境中的保护伞。

魔力悄悄话

在这个世界上，幸运的人们是那些懂得如何将理想具体化、如何消除恐慌情绪的人；是那些无论身处何地都能保持镇定自若的人；是那些重压之下依旧乐观淡定的人。

抛弃一切狭隘的小思想

准备好你的头脑，抛开一切狭隘的有局限性的想法。

永远不要再说某某事情是不可能实现的，无论它在当下看起来有多么的不可思议。不要让那些琐碎的偏见限制了你的思路，束缚了你的脚步。

丢开你意识中那些对别人的怨恨、憎恶、敌视以及其他类似的感觉吧！

这些想法使你不能正常思考，形成对自己和他人的正确观点和看法。它们阻滞了你前进的脚步，妨碍了内在创造力发挥作用。

你得克服这些错误想法带给你的负面影响。

但要做到这一点，你就必须控制好情绪；你必须学会如何放松身体，如何让你的意识变得被动，如何在头脑中形成你所希望的正确映象；你还得学会如何释放存储在你意识中的过去的错误残留。

好事会引来好事，坏事会招致坏事，就这么简单。可是，如果你不能直面你过去的错误，就无法更好地认识自己。

总有人对我说："但我正在努力忘记自己的过去呀！"

唉，我们的大脑并不是这样运转。那些进入意识的东西会永远停留在那里，除非你承认错误想法的存在，并下定决心、发动意志来改变它，或者彻底除掉它。

你对某个人的言行感到不高兴的状况，一般多长时间会出现一次？

那些小事和细微的感觉都已存在于你的头脑中。

当你想起这个人的时候，大脑中对他的种种排斥的感觉就会被唤醒，直到你克服了这感觉。如果你不改变它们，它们就会成为你意识中的一个烦恼源，最终会以某种形式的身体不适、疾病或不愉快的人际体验等形式反映出来。

魔力悄悄话

你会纵容这些过去的小烦恼在未来给你造成更多的困扰吗？如果答案是否定的，就赶快行动起来，将它们从你的意识中清除。

第六章
爱上你的工作

　　在工作时，千万不要让消极情绪主导你的心情。只有以积极的态度投身于工作之中，才能给我们以欢乐和激情，那工作就会更有意义。

　　成功者乐于工作，能够在工作中找到快乐，并且能将这份喜悦传递给他人，使大家不由自主地接近他们，乐于与他们相处或共事。人生最有意义的就是工作。与同事相处是一种缘分，与顾客、生意伙伴见面是一种乐趣。假如你想成功，对于自己的工作最起码应该这样想：投入职业界，我是为了生活，更是为了自己的未来而工作。

把工作当成一种快乐

在工作时，千万不要让消极情绪主导你的心情。只有以积极的态度投身于工作之中，才能给我们以欢乐和激情，那工作就会更有意义。

在巴菲特看来，即使你的处境再不如人意，也不应该厌恶自己的工作，世界上再也找不出比厌恶工作更糟糕的事情了。如果环境迫使你不得不做一些令人乏味的工作，你应该想方设法使之充满乐趣。用这种积极的态度投入工作，无论做什么，都很容易取得良好的效果。

人可以通过工作来学习，可以通过工作来获取经验、知识和信心。你对工作投入的热情越多，决心越大，工作效率就越高。当你抱有这样的热情时，上班就不再是一件苦差事，工作就变成一种乐趣，就会有许多人愿意聘请你来做你所喜欢的事。工作是为了自己更快乐！如果你每天工作 8 小时，你就等于在快乐地游泳，这是一件多么合算的事情啊！

事实上，许多在大公司工作的员工，他们虽然拥有渊博的知识，受过专业的训练，他们整天穿行在写字楼里，有一份令人羡慕的工作，拿一份不菲的薪水，但是他们并不快乐。他们是一群孤独的人，不喜欢与人交流，不喜欢星期一。他们视工作如紧箍咒，仅仅是为了生存而不得不出来工作。他们精神紧张、未老先衰，常常患胃溃疡和神经官能症，他们的健康真是令人担忧。

当你在乐趣中工作，如愿以偿的时候，就该爱你所选择的，不轻言变动。如果你开始觉得压力越来越大，情绪越来越紧张，在工作中感受不到乐趣，没有喜悦的满足感，就说明有些事情不对劲了。如果我们不从心理上调整自己，即使换一万份工作，也不会有所改观。

一个人工作时，如果能以精益求精的态度，火焰般的热忱，充分发挥自己的特长，那么不论做什么样的工作，都不会觉得辛劳。如果我们能以满腔的热忱去做最平凡的工作，也能成为最精巧的艺术家；如果以冷淡的态度去做最不平凡的工作，也绝不可能成为艺术家。各行各业都有发展才能的机会，实在没有哪一项工作是可以藐视的。

如果一个人鄙视、厌恶自己的工作，那么他必然遭到失败。引导成功者的磁石，不是对工作的鄙视与厌恶，而是真挚、乐观的精神和百折不挠的毅力。

不管你的工作是怎样的卑微，都当付之以艺术家的精神，当有十二分的热忱。这样，你就可以从平庸卑微的境况中解脱出来，不再有劳碌辛苦的感觉，厌恶的感觉也自然会烟消云散。

我们常常听到一些刚毕业的大学生抱怨自己所学的专业，于是我们试着向他们提出这样的问题：如果你所学的专业与个人的志趣南辕北辙，那么，当初为什么会选择它呢？如果已经为你的专业付出了四年的时光甚至更多的时间，这说明你对自己专业虽然谈不上热爱，但至少可以接受。

所有的抱怨不过是逃避责任的借口，无论对自己还是对社会都是不负责任的。想一下亨利·恺撒——个真正成功的人，不仅因为冠以其名字的公司拥有10亿美元以上的资产，更由于他的慷慨和仁慈，使许多哑巴会说话，使许多跛者过上了正常人的生活，使穷人以低廉的费用得到了医疗保障……所有这一切都是由恺撒的母亲在他的心田里所播下的种子生长出来的。

玛丽·恺撒给了她的儿子亨利无价的礼物——教他如何应用人生最伟大的价值。玛丽在工作一天之后，总要花一段时间做义务保姆工作，帮助不幸的人们。她常常对儿子说："亨利，不工作就不可能完成任何事情。我没有什么可留给你的，只有一份无价的礼物：工作的欢乐。"

恺撒说："我的母亲最先教给我对人的热爱和为他人服务的重要性。她常常说，热爱人和为人服务是人生中最有价值的事。"

如果你掌握了这样一条积极的法则，如果你将个人兴趣和自己的工作结合在一起，那么，你的工作将不会显得辛苦和单调。兴趣会使你的整个身体充满活力，使你在睡眠时间不到平时的一半、工作量增加两三倍的情况下，不会觉得疲劳。

工作不仅是为了满足生存的需要，同时也是实现个人人生价值的需要。一个人总不能无所事事地终老一生，应该试着将自己的爱好与所从事的工作结合起来，无论做什么，都要乐在其中，而且要真心热爱自己所做的事。

热爱工作吧！对你的本职工作尽心尽责，不去管别人的看法如何，工作是成功者永远的乐趣。乐意工作的人，身心永远年轻。

魔力悄悄话

成功者乐于工作，能够在工作中找到快乐，并且能将这份喜悦传递给他人，使大家不由自主地接近他们，乐于与他们相处或共事。人生最有意义的就是工作，与同事相处是一种缘分，与顾客、生意伙伴见面是一种乐趣。

为薪水工作？

现实生活中，很多人都会选择薪水比较多的工作，而不愿意选择一样适合自己、但薪水相对比较低的工作。他们大多都是为了薪水工作，而不是为别的。如果出现公司中只有他一个人的薪水是最低的时候，他会毫不犹豫选择辞职，当然态度也肯定是愤愤不平的。

在他们的眼中，薪水是自己身价的标志，绝不能低于别人。他们的"理想远大"，刚出校门就希望自己成为年薪几十万元的总经理；刚创业，就期待自己能像巴菲特一样富可敌国，他们只知道向老板索取高额薪酬，却不知自己能做些什么，更不懂得从小事做起，实实在在地前进。

只为薪水而工作让很多人缺乏更高的目标和更强劲的动力，也让职场上出现了几种不正常的现象：

（1）应付工作。他们认为公司付给自己的薪水太微薄，他们有权以敷衍塞责来报复。他们工作时缺乏激情，以应付的态度对待一切，能偷懒就偷懒，能逃避就逃避，以此来表示对老板的抱怨。他们工作仅仅是为了对得起这份工资，而从来没想过这会与自己的前途有何联系，老板会有什么想法。

（2）到处兼职。为了补偿心理的不满足，他们到处兼职，一人身兼二职、三职，甚至数职，多种角度不停地转换，长期处于疲劳状态，工作不出色，能力也无法提高，最终谋生的路子越走越窄。

（3）时刻准备跳槽。他们抱有这样的想法：现在的工作只是跳板，时刻准备着跳到薪水更高的单位。但事实上，很大一部分人不但没有越跳越高，反而因为频繁地换工作，公司因怕泄露机密等原因，不敢对他们委以重任。由于他们过于热衷跳槽，对工作三心二意，很容易失去上司的信任。

所以，一个人若只是专为薪水而工作，把工作当成解决面包问题的一种手段，缺乏更高远的目光，最终受害的可能就是自己。在斤斤计较薪水的同时，失去了宝贵的经验、难得的培训机会、能力的提高。而这一切较之金钱更有价值。

相信谁都清楚，在公司提升员工的标准中，员工的能力及其所做出的努力，占很大的比例。没有一个老板不愿意得到一个能干的员工。只要你是一位努力尽职的员工，总会有提升的一日。

所以，你永远不要惊异某个薪水微薄的同事，忽然提升到重要位置。若说其中有奥妙，那就是他们在开始工作的时候——得到的与你相同，甚至比你还少的微薄薪水的时候，付出了比你多一倍，甚至几倍的切实的努力，正所谓"不计报酬，报酬更多"。

事实证明，如果你不计报酬、任劳任怨、努力工作，付出远比你获得的报酬更多、更好，那么，你不仅表现了你乐于提供服务的美德，还因此发展了一种不同寻常的技巧和能力，这将使你摆脱任何不利的环境，无往而不胜。

魔力悄悄话

假如你想成功，对于自己的工作，最起码应该这样想：投入职业界，我是为了生活，更是为了自己的未来而工作。薪水的多与少永远不是我工作的终极目标；我所看重的是，我可以因工作获得大量知识和经验，以及踏进成功者行列的各种机会，这才是有极大价值的酬报。

你是在为自己工作

在一次演讲中，巴菲特告诫在场的众多职场人士说，你最最应该记住的，也是对自己最有用的一点就是：你是在为自己工作。自己的人生自己策划，自己的命运自己把握。

是的，你是在为自己工作，只要是你自己认为有价值的工作，就不必在意别人的闲言碎语。命运永远都在自己手中，握紧命运，做个勤奋出色的人。

每个人，包括你的老板，只要活着就需要工作；工作占据了我们生命中的大部分时间。工作是人生运转自如的轴心，影响着人的一生。假如我们在职位上得不到尊重与快乐，那么我们的人生只能是暗无天日，毫无生机。假如工作没有尊严与意义，我们的人生又怎能幸福快乐？

如果是为金钱工作，工作只能无聊乏味，但为自己工作，工作能给你轻松愉快的心情，而且人们也会更加重视你。因为你的付出带给别人快乐，使别人从中获得利益，同时也实现了你自己的人生价值。

某大型企业的一位资深员工这样说道："取得博士学位的时候，我与能力不相上下的一位同学一起来到一家跨国公司，那时我的薪水是10000元，但我那同学的薪水却比我多5000元。当时我认为这太不公平。因此，工作的时候，我总是三心二意，小错误常常发生，工作效率极差，总觉得要不这样自己就像吃了大亏。"

这个员工实在是可怜而又可气，他只为薪水工作，认为少5000元工资就要少干5000元的事。但这让学习机会与晋升空间远离他而去，各种各样的坏习惯油然而生，这必然会成为其以后发展的障碍。

在美国，有一位年轻人在取得博士学位后，却总是因工作待遇与自己的学历不相符，每天都奔波在求职的路上。最后，为了生计，他以大专的学历在一家制造燃油机的企业担任检验员，薪水比普通工人还低。工作半个月后，他发现该公司生产成本高，产品质量差，于是他便不遗余力地说服公司老板推行改革以重新占领市场。

身边的同事对他说："你就那么点薪水，管这么多事干吗?"

他笑道："我在为我自己工作，我很快乐。"

几个月后，这个年轻人晋升为公司副经理，薪水翻了几倍，尤为重要的是这几个月的改革，让企业的利润翻了好几番。

现在大学生就业的期望标准越来越低，这其实未尝不是一种好事，只要是一份有价值的工作，它至少可以培养不怕吃苦的习惯和敬业精神。

不要在乎周围人的看法，虚心学习，向好的工作迈进，不要和别人一样抱着"我是在为老板打工"的思想。

魔力悄悄话

一定要记住，你的工作是为自己，不要在乎别人的说法，积极工作，从工作中获取快乐与尊严。那么无论什么工作对你来说都是有意义的，也能实现你人生的价值。这样你的人生必将更辉煌，生命必将更有价值。

与同事融洽地相处

某位先生调入单位一个月来，由于他处处小心做事，逢人笑脸相迎，所以同事们对他的态度也颇为友善，不曾遇到他所担心的任何麻烦。

一次他和一位同事谈得很投机，便将一个月来看到的不顺眼、不顺气的人和事通通向这位同事和盘托出，甚至还批评了科里一两个同事的不是之处，借以发泄心中的闷气。

不料由于对这位同事了解甚少，这位同事竟是个翻云覆雨之人，不出几日便将这些"恶言"转达给了其他同事，立刻令这位先生狼狈至极，也孤立至极，几乎在科里没了立足之地。这时这位先生才如梦初醒，悔不该一时冲动没管好自己的嘴，忘记了"来说是非者，必是是非人"这样一个浅显的道理。

人类的社会性活动决定了每个人都直接或间接地需要他人的支持、配合与帮助，这种人与人之间的相互联系形成了人际关系。团队成员虽然同处于一个集体中，但彼此关系的密切程度各不相同。如何与同事融洽地工作，是团队建设过程中需要重点解决的问题。这一点，即使是身为股神的巴菲特也不能例外，如果他不能与伯克希尔公司上下处理好关系，就不可能取得如今的成就。

同事是与自己一起工作的人，与同事相处得如何，直接关系到自己的工作，事业的进步与发展。

如果同事之间关系融洽、和谐，人们就会感到心情愉快，有利于工作的顺利进行，从而促进事业的发展。

反之，同事关系紧张，相互拆台，经常发生摩擦，就会影响正常的工作和生活，阻碍事业的正常发展。

一直以来，如何与同事相处都是办公室政治的中心内容。那些善于处理同事关系，巧妙赢得同事支持的人总能在办公室中玲珑八面，安然生存；而那些自命清高，不屑或者根本不会与同事"周旋"、来往的人，则免不了时时被动挨打，举步维艰。

越来越多的人领悟到：若想在事业上获得成功，在工作中得心应手，就不得不深谙同事间相处的学问。

具体该如何做？

1. 站在对方的立场考虑问题

要搞好同事关系，就要学会从他人的角度来考虑问题，善于做出适当的自我牺牲。

要处处替他人着想，切忌以自我为中心。

我们在做一项工作时，经常要与人合作，在取得成绩之后，我们也要让大家共同分享功劳，切忌处处表现自己，将大家的成果占为己有。提供给他人机会，帮助其实现生活目标，对于处理好人际关系是至关重要的。

替他人着想应表现在当他人遭到困难、挫折时，伸出援助之手，给予帮助。

良好的人际关系往往是双向互利的。你给别人种种关心和帮助，当你自己遇到困难的时候也会得到相应的回报。

2. 牢骚怨言要远离嘴边

不少人无论在什么环境里，总是怒气冲天、牢骚满腹，总是逢人便大倒苦水。

尽管偶尔一些推心置腹的诉苦可以构筑出一点点办公室友情的假象，不过像祥林嫂般地唠叨不停会让周围的同事苦不堪言。也许你自己把发牢骚、倒苦水看作是与同事们真心交流的一种方式，不过过度的牢骚怨言，会让同事们感到既然你对目前工作如此不满，为何不跳槽，去另寻高就呢？

3. 低调处理内部纠纷

在长时间的工作过程中，与同事产生一些小矛盾是很正常的事情。

如何处理这些矛盾呢？

这需要一定的技巧。这个时候，你得注意方法，尽量不要让你们之间的矛盾公开激化，不要表现出盛气凌人的样子，非要和同事做个了断、分个胜负。退一步讲，就算你有理，要是你得理不饶人的话，同事也会对你敬而远之，觉得你是个不给同事留余地、不给他人面子的人，以后也会在心中时刻提防你，这样你可能会失去一大批同事的支持。此外，被你攻击的同事，将会对你怀恨在心，你的职业生涯又会多一个"敌人"。

4. 善于赞扬别人

要胸襟豁达，善于接受别人及自己，要不失时机地赞扬别人。

你要学会坦诚相待，以心换心，用你的真情去换取同事的信任和好感。

赞扬别人时要掌握分寸，不要一味夸张，从而使人产生一种虚伪的感觉，失去别人对你的信任。

5. 灵活应酬

吃喝应酬要讲究技巧，不要等用到别人时才想起"交流"。

如果你刚领了奖金，不妨来个观音请罗汉，"这个奖也有大家的功劳嘛，今天我请客"，这话谁都愿意听。千万别忘了要平等待人，自大或自卑都是同事间相处的大忌。同事请客一般应能去则去，不能去则要说明情况。

6. 竞争含蓄

面对晋升、加薪，应抛开杂念，不要手段、不玩技巧，但绝不放弃与同事公平竞争的机会。

不要将办公室里的地位和利益竞争表现得过于赤裸，那样会招来无关同事的反感，影响你的形象，也会给你的竞争带来不利。真正明智的竞争应该是厚积薄发，暗里用劲，那样才不至于与同事在面子上搞得太僵。

7. 作风正派

作风正派包括勤奋、廉洁的工作作风和正派的生活作风。只有勤奋工作并尽可能把工作做出色的人，才不至于被同事看作累赘，同事才乐于与你交往。而廉洁自律，不以权谋私则是能博得他人敬重的主要依据。在生活作风方面，无论男女都要正派，不要放纵自己。没有私生活的出轨，被造谣的机会必然会大大减少。

魔力悄悄话

　　面对强于自己的竞争对手，要有正确的心态；面对弱于自己的，也不要张狂自负。如果与同事意见有分歧，则完全可以讨论，但不要争吵，应该学会用无可辩驳的事实及从容镇定的声音表达自己的观点。

为自己做一个准确的职业定位

对职场人士来说，准确的职业定位就是个人发展的一盏指路之灯，让我们清楚自己未来的路与方向。在竞争激烈的现代社会，一个人越清楚了解自身的资源与优势，明白如何根据个人核心优势去制定未来发展道路，他必然更容易实现成功的梦想。

在27岁之前，巴菲特尝试过无数的工作，做销售、充当法律顾问、管理一家小厂，但最终他结合自己的优点——耐心、对数字敏感，将自己的职业发展转向成为一名投资家。在明确的职业规划引导下，巴菲特拒绝许多外来的诱惑，也忍受住许多压力，坚定不移地按着自己的职业发展道路前进，最终成就一番惊人成就。

年轻而富有的他非常希望有一份属于自己的成功事业，他受一些喜欢绘画的朋友的影响而跑去法国巴黎学习绘画艺术。可是，在经过三年的艰苦学习之后，他发现，自己根本没有成为一个伟大艺术家的天赋。他的个性也不适宜每天拿着画笔作画，绘画对他来说成为一种痛苦，他一直向往着农场的生活。在最终将自己定位在一个成功的农场主而不是一名平庸的画家之后，他回到了美国，开始了农场生活。

后来，这个青年人在伊利诺伊州拥有数千英亩的良田。他有一座漂亮的房子，有一个美丽的妻子。他每年都要出国去学习农耕技术和畜牧技术。他雇用了很多人，并且对周围贫穷的人予以帮助。总之，他成了一个快乐而又对社会有用的人，因为他的定位准确，他找到了符合自己性格而又喜欢的事业。这个青年人说，如果自己没有抓住改正错误的机会，重新定位自己的工作，那他肯定会是一个痛苦而不幸的失败者。

职业定位的最大好处就在于，帮助我们将个人梦想、价值观、人生目标与我们的行动策略协调一致，去除其他不相关的旁枝末节，整合个人最大的优势与资源，从而向着终极目标快速前进，而这正是我们取得职场成功的重要保证。

具体地讲，良好的职业定位至少有以下四大好处：

第一，定位准确可以持久地发展自己。很多人事业上发展不顺利，不是因为能力不够，而是选择了并不适合自己的工作，并没有认真地思考一下"我是谁""我适合做什么"，也不清楚自己想要什么，从而无法体会如愿以偿的感觉。有些人把时间用于追逐不是自己真正适合的工作上，但是随着竞争的加剧会感觉后劲不足。准确的定位，可以获得长足的发展。

第二，定位准确可以善用自己的资源。集中精力的发展，而不是"多元化发展"，是职业发展的一个规律，有些人多来年涉足很多领域，学习很多知识，博而不专，虽然表面看起来什么都懂，无所不知无所不晓，但其实内部很虚弱，每一项能力上都没有很强的竞争力，外强中干。人们常说，"学 MBA 吧，大家都在学"，"出国吧，再不出国就来不及了"，"读研究生和博士吧，年龄大了就读不动了"，现实已经说明，MBA、出国、研究生和博士生不代表持续的发展，投资很多，收益很少，过于分散精力反而会让你失去原有的优势。

第三，定位准确可以抵抗外界的干扰，不会轻言放弃。有的人选择工作，用现实的报酬作为准则，哪里钱多去哪里，什么时尚干什么，以至于放弃自己本已不错的职业，舍本逐末。但事实是，头几年这一职位在待遇上会有一些优势，但是后来差距越来越小了，甚至风水轮流转，今天时尚的过几年不再时尚了，从前挣钱容易的职业几年后挣钱不再简单，有的人凭借机遇获得一个好职位，但是轻易地放弃了。而给自己一个准确的定位，你就会理性地面对外界的诱惑。

第四，定位准确还能吸引合适的用人单位的眼球，或使上司正确地培养你，调动一切有利因素帮助你发展。有的人在写简历和面试的时候，不能准确地介绍自己，使得面试官不能迅速地了解自己；有的人在职业上摇摆不定，使得单位不敢委以重任；还有的人经常换工作，使得朋友们不敢积极相助。定位不准，就好像游移的目标，让人看不清真实的面目。

在了解了职业定位的好处以后，我们再来看看职业定位的步骤：

第一步，了解自我。

这是在"知道自己的长处和自己的行事方式"之后对自己的进一步了解。这里所谓的进一步了解是要正确评价自己的核心价值观念、个性特点、天赋能力、缺陷、性格、气质、兴趣等等，问问自己想干什么，能干什么。对自己各方面能力进行摸底，了解自己能力的大小，明确自己的优势和劣势，根据其他应聘者的经验、经历，选择推断未来可能的工作方向，从而彻底解决"我能干什么"的问题。

第二，了解职业。

职业定位只了解自己还不够，还要了解职业。了解职业包括职业的工作内容、知识要求、技能要求、经验要求、性格要求、工作环境、工作角色等。在了解职业的基础上，进一步仔细地分析比较自己和职业要求的差距，根据自己的特点仔细地权衡选择不同目标的利弊得失，以根据自己的现实条件确定最终达到目标的方案。

第三，充分规划。

这是职业定位规划的最后一部。每一个想找到适合自己理想的职业的人，要在找工作前明确职业定位，充分结合自己的个性特点和兴趣爱好，认真思考自己要做什么，能做什么，从事哪个专业领域的工作，朝哪个方向发展，从而避免求职时的盲目和错失良机。

对于不同的人，职业规划肯定不同。美国成功学之父奥里森·马登认为，即使是同一个人在自己一生的各个不同的阶段，其职业规划也存在很大的不同。对于处在20岁至30岁之间的年轻人来说，其职业规划重在走好第一步。20岁至30岁这一阶段是事业发展的起点。如何起步，直接关系到今后的成败。这一阶段的主要任务之一，就是选择职业。在充分做好自我分析和内外环境分析的基础上，选择适合自己的职业，设定人生目标，制订人生计划。再一个任务，就是要树立自己良好的形象。年轻人步入职业世界，表现如何，对未来的发展影响极大。有些年轻人，特别是刚毕业的大学生，总认为自己有知识，有文化，到单位工作后不屑于做零星小事，结果给同事们留下一个很差的印象。这对一个年轻人的发展而言，可以说是一个阻碍。还有一个重要任务，就是要坚持学习。根据日本科学家研究发现，人一生工作所需的知识，90%是工作后学习得到的。这个数据足以说明参加工作后学习的重要性。

魔力悄悄话

　　职业定位一定要实事求是。这山望着那山高是职业定位的大忌。客观的自我认识和自我评价是制定个人职业规划的前提。职业定位应以个人发展为目标，应符合自己的兴趣、特长，与个人的知识、能力相符。除此之外，职业定位还需考虑客观环境因素。

第七章
认识自己的长处

　　正确认识自己,既看到自己的长处,也认识到自己的不足,善于选择、勇于放弃,就能清除干扰,为自己的定位找到正确的方向,这样才能自信地去迎接机遇和挑战,创造更多的成功和欢乐。

　　自我认识是自我意识的认知成分。它是自我意识的首要成分,也是自我调节控制的心理基础,它又包括自我感觉、自我概念、自我观察、自我分析和自我评价。自我分析是在自我观察的基础上对自身状况的反思。

过度依赖优势　容易让人疏忽能力培养

优势是帮助人突破障碍、困难的利器。所以人要懂得善用优势，以利于事物的推动。但是，当优势一再地助人成事，人会不自觉滋生"事情没什么困难""只要这招万事 OK"的错觉；甚至会误认为自己很行，不用太努力，样样事物就能做得比别人好。

每个人在职场上，或多或少都接触过这类过度依赖优势的人，最常见者为具有"先天优势"者：

一、"俊男美女"或"温文儒雅"者，因为外形较好，与人互动时易获得好感或信任，办事无往不利；因此，就容易因过度自信而自满，又因长期疏忽培养内在实力，更易显得华而不实。

二、能言善道者，说话头头是道，让人如沐春风，轻易就达成说服他人的目的；却也因为如此，更想要用心于操控辞藻、表达技巧，忽略强化内容的深度，而显轻浮、浅薄。

三、记忆力强的人，从小考试一路过关斩将，不自觉养成凡事"背了再说"的习惯；回过头来，便显现不习惯动脑的习惯，反而导致理解领悟力普遍不足。

还有一类是属于拥有"外部优势"的人，譬如：

一、公司的产品强势，业绩能轻松达成，员工便不会致力于能力的提升；当产品优势不再，业绩便从云端跌落谷底，且束手无策。

二、企业的制度、专业分工与训练完善，员工的绩效很快展现；但若未认知其优势来自背后的"招牌"，若未刻意培养能力的话，一旦离开其羽翼，昔日英雄也易折翼。

优势反为人带来"以为自己能力很强"的假象的原因，在于拥有优势者，是不劳而获就尝到甜头，因而会想要一用再用，想再强化这个优势，而忽略去建构真正的能力。然而，优势不是能力，优势只是"单点突破"，顶多是起步时的有利筹码；但要能够持续维持领先，必须具备能力，而且是多方面的能力，才会扎实而长期有效。

更何况，能力与优势的最大差别，在于能力是要经过努力、相当时间的磨炼，才能打造出来的。它通常是因为遭遇了某个困难，才会激发人去思考解决方法，并经由尝试的过程，从中摸索、体会出一套真正能解决问题、困难的方法或技能。长期依赖优势者，也因为未经历过这一历程，学不到建构能力的方法，长期而言，更容易被有实力者远远抛在其后，殊为可惜。

个人应认知到，拥有优势者会不自觉依赖优势的"自然律"。因此，假如你具有先天优势，恭喜你，上天对你有特别眷顾；但应深思你是否陷入此自然律的陷阱，刻意提醒自己不要去"依赖"它。遭遇困难时，也要认识到这是培养能力的好机会，尝试建立出一套培养能力的方法，真正更全面地培养出能力优势。

魔力悄悄话

身为主管者，也要特别注意，切莫被"表象的优势"所误导。遇到某些优势明显的部属，应该特别警觉去注意其内在的实力，才能正确地识人；同时，也更能够发掘这些部属的盲点，而能真正给予正确与有效的辅导。

资讯过多　让人肤浅

在多元化社会及媒体无孔不入的环境下，大量资讯充斥各个角落；而资料更新、变化速度既迅速又频繁，现代人成天被过量资讯疲劳轰炸。在此情况下，多数人光是接收"新资讯"就应接不暇，更谈不上对每个资讯有充裕的时间消化、吸收。

然而，在庞杂的资讯中，有的资讯具有深度意涵，须经充分思考才能掌握其精神；有的有其定义与限制，必须充分理解才能应用得宜；甚至有的资讯本身就是错误的，如未经正确判读，将可能反受其害。

所以，吸收大量的资讯虽让人感到自信，但是，倘使未经充分地理解、消化与吸收，只是浮光掠影式地"略读"资讯，对个性活泼者而言，容易形成"名词朗朗上口，光说不会做"，不然就是"张冠李戴，误把冯京当马凉"、以讹传讹，十分肤浅而不自知。对个性保守者而言，由于很多资讯不论在表面上或是内涵上，本身会相互冲突、矛盾；未能深度解读资讯的情况下，资讯吸收愈多，反而愈易感到困惑与混淆。

身处这种环境，除了要有专业的人或组织来进行资讯的过滤与整理外，个人也应主动建立一套吸收资讯的模式与习惯，才不致陷入适得其反的窘境。

这一模式，首先要先界定资讯的优先顺序，将资讯区分为核心资讯、辅助资讯与其他资讯。核心资讯是指与个人工作或生活会产生立即、必要关联的资讯，是应优先投入时间去理解、思考，并与既有经验做深度的整理、联结；其次是辅助资讯，属于有些关联，但并不会出现即刻效应者；不属于这两者的资讯，则归为其他资讯。在没有核心资讯时，才可依序去接收辅助资讯、其他资讯；但一旦接收了辅助资讯或其他资讯，同样须用心思考、理解。

另一方面，则应坚守对资讯的吸收采取"宁可精，不要多"的原则。亦即前一个核心资讯未充分思考理解前，切勿放下现有的去接收新的资讯，因为唯有每一个核心资讯都被充分思考理解，知识库才会扎实，并立即对工作、生活产生效益。而随着"被充分思考理解的核心资讯"的扩增，知识库的不断扩展，进而还会提升吸收其他核心资讯、辅助资讯甚至其他资讯的效果与速度。

坚守上述原则，一开始或许会为求扎实而显得缓慢，但积累到一定程度，则会逐步形成正面的循环效果，充分吸收、消化的速度会愈来愈快，也就自然练就消化大量资讯的能力。

魔力悄悄话

要真正培养出"消化吸收大量资讯的能力"，必须有正确的方法（机制）与认知。经常演练并习惯于这一方法（机制），资讯的吸收将产生正面的循环效果，个人并能真正善用大量资讯所带来视野扩大的好处。

聪明人容易不务实

聪明人拥有很多优势。首先，聪明人的逻辑性强、思路灵活，理解事物很快，因而经常很有创意。聪明人本身，也因为经常感觉到自己"快速理解、时有创意"的特质，认为没有什么事情难得倒他。渐渐地，在看待任何事物时，"容易"的认知即油然而生。

聪明人因为觉得事情很容易，觉得自己学得很"快"，因而跟同僚或部属合作、共事时，无形中就会显得别人学得很慢，感觉别人"很笨"。甚至在跟上司、外界互动时，有时也会流露出轻蔑、不耐烦的态度。久而久之，甚至会从心里瞧不起别人，显得趾高气扬，不可一世。

聪明人的优势，主要来自逻辑推理能力高人一等；然而，逻辑推理与实务运作间，却有很大的鸿沟。

首先，逻辑推理是"静态的"，是假设外在环境不变；但真正的实务会牵涉到环境与人的因素，两者皆不可捉摸，因而是"动态的"。而且，人性的因素又远较环境复杂。因为，不同背景的人，其心理、情绪、行为都千差万别；而同一个人在不同时刻对同一事物的反应，也经常前后有别；更何况，人还会有非理性的时候，这就更难预测、掌握了。因而，逻辑上可行的事物，若再加上人与环境的变动因素，就会变得非常复杂，难度人为增加。

然而，动态的实务，究竟要如何掌握呢？事实上，它是通过点点滴滴的观察与经验积累而成的；体验的时间不够久、经历的案例不够多，深度与火候就不够。也就是说，实务必须要靠"务实地"去亲身体验、观察，而这些都需要时间，无法速成。

有些聪明人，确实认知到自己存有"容易"的习惯，也亟欲加强实务世界的磨炼。然而，却因为"容易"的习惯根深蒂固，加上凡事求快的习惯，以至于"实务世界"的积累还不足，一旦觉得学会了，不自觉又缩回擅长、习惯的"逻辑推理的世界"，以至于能力的火候总是难以坚实。

要避免上述状况，想要务实的聪明人，不妨尝试建立一个提醒机制。学习事物时，一旦出现"我懂了"的念头，就将其视为一个警讯，提醒自己，"应该没有那么容易""实际上可能还不够"。进而，刻意延长实务历练时间两三倍，去体会真正长期涉猎实务后的扎实感，改善不自觉偏重逻辑推理的习惯。

如此一来，逻辑推理与实务历练可逐步趋于平衡，这也将是聪明人不断提升能力的凭借。

魔力悄悄话

不务实的聪明人，顶多只有中等成就，甚至有非常落魄的；若能既聪明又务实，则肯定为人上人。个人不妨留意自己学习时，是否经常停留在纯粹的逻辑层次，并刻意要求自己投注更多的心力于人和环境。

老鸟也会坠机

人往往会因为熟悉产生自信，反过来产生轻忽。组织内的"资深人员"，特别容易出现这一盲点。

组织在选用人才时，经常会从外部引进有经验甚至相当资深的人员。这类资深人员，因为面对新的环境，多数也意识到认识了解新环境的重要；然而，却因其对此类工作内容非常熟悉，经验十分丰富，无意中产生"从表面上来看都很类似"的感觉，从而会依其过去经验，很快断定"就是这样，没有差别，我了解了"，以至于对环境的改变形成"视而不见"，不自觉很轻忽地"跳"过去。

当主管与这类"资深的新人"对谈时，因为他对工作内容能说得头头是道，使得主管也陷入相同的盲点：误认为他已经了解（对一个新进的人来说）。其实他是以过去的认知在说明，而不是以新环境的认知来说，因而主管也未深入探索他了解的程度。在这种情况下，以后的工作中，他就会用过去工作的认知与方法来做事，因而，就开始出现种种因认知差异而形成的扭曲。

因熟悉而轻忽的现象，也会出现在内部转任的资深人员身上。资深人员在公司工作已久，对公司相当了解；而新转任的工作，也多半与原有工作有所关联，因而他们对新工作，很容易出现"不会陌生"的感觉，但是他们不一定抓到新工作的精髓。在这种情况下，他们个人及主管便容易同时忽略掉，需要确认其对新工作的了解程度，从而也就易遗漏需对其做"新人训练"的过程。

事实上，上述两类人都陷入一个共同的盲点，亦即虽然已进入里面，但还是停留在"由外面看里面"。只看皮毛以为没有大差异，直接与过去的经验相对应，就以为全都懂了，而不再继续深入了解。如此一来，他们将无法掌握新环境、新工作的精髓，反而停留在用过去的经验、认知与方法来做新工作，陷入"新瓶旧酒"的状态而不自知。在一段时日后，主管即会发觉他们工作似乎一直抓不到要点，而且与组织格格不入，主管却找不到问题的症结。

因此，对于"新进"或"新转任工作"的这两类"资深的新人"都要意识到，工作调任时易出现这个"因熟悉而轻忽"的盲点，所以必须刻意培养自己的"新旧差异比较"的习惯，细心体会各种细微差异。而事实上，"新旧差异比较"也是学习方法的一种。

魔力悄悄话

对主管而言，则应该在这些"资深的新人"做上线报告时，特意要求他们提出"差异报告"；从其差异报告中，深度观察其是否有确实"捉住"新职务的特质。如此一来，才不致同时陷入这个盲点而不自知。

知识与常识

在知识经济时代，对知识的追求成为个人、企业普遍的认知与渴望。"知识"之外，还有一个名词是"常识"，两者之间的差异仅在相对的普遍性不同而已。常识是大多数人都知道，是每个人必备的基础，知识却只有少数人才懂。因此，掌握知识的少数人得以凭借知识来产生差异，创造出个人难以被取代的价值；在一个行业当中营运的企业可能很多，却只有少数的企业能占有独特的市场地位，其原因也在于，能够运作的公司都拥有该行业内的常识，但只有少数公司拥有独具的知识，于是产生竞争力的差异。

所谓"隔行如隔山"，某个行业里大家都知道的常识，对业外的人来说，往往都是非常特别的知识。一个刚入行的新人，从业外走进业内，只要稍加用心，通常都能快速地大量吸收业内的常识，但这些常识对这个新人而言，却往往看起来都是知识（因为他是以业外的角度来看）。事实上，在某一项专业里，几乎大部分属于常识，该领域里的每个人都会，只有最后的小部分，才是真正的知识。而一个刚入行的新人，很可能前两年所学到的都只是该行业的常识。但是，有些人在学到了业内的常识之后，却误把常识当知识，觉得自己已经懂很多了，已经是专家了，不知不觉中开始自满，停止了持续钻研成长的脚步，能力因此不再提升。这是许多人学习上常有的迷茫。

光靠常识的人，犹如只有一招半式，应付一般性的运作尚可，有时也可以运作得很熟练，但是，针对每一次应用时可能遇到的细微不同，却不见得能精准地拿捏每个环节该使几分力、该如何变通，执行起来也就容易有隔靴搔痒之憾，好像做了，却又总觉得少了些什么。如果不能破除这个学习上的迷茫，一个人将永远无法掌握专业的精髓，即使经过很长的时间，能力依旧停留在初学者的层级，此时再来一位新人，只要稍加训练，就可以很轻易地把他取而代之。

举例来说，规划促销活动以增加产品销售，这是产品行销的常识；但如何针对特定的客户族群精准地规划促销内容配套，使得投入的资源集中用于激发潜在客户的采购意愿则是知识，这也反映出一位产品经理的火候与功力。又好比客服中心的人员，懂得如何适当应对客户，让客户感受服务热诚，都只是客服中心的人员的常识；但如何从客户过去的互动记录掌握客户的采购特性，从客户的语气、用语读出客户当下的采购意愿有多强，或是其面临问题的关键点是什么，则是客服中心的人员应追求的知识。

从另一个角度来看，一家公司在长年的经营之下，往往创造、积累了许多独有的知识，这成为该公司最重要的竞争力来源。但由于这些知识是内部相关运作的大多数成员都知道的，在公司内反而成为一种常识，也由于这些知识在公司内很容易取得，因此经常让人轻视它的价值，误把知识当常识，不知深度体悟、善加利用，殊为可惜。

由于知识与常识之间仅是相对普遍性的差别，因此，只要知道某一项知识的人愈来愈多，则这个知识就会变成常识，在行业里成为运作上的必备基础，而不再是少数公司独具的竞争力来源。

魔力悄悄话

对一般人而言，个人独立创造知识的难度很高，因此，融入好的文化环境，在集体激荡之下加速汲取知识，并且共同创造知识，成为个人维持竞争力的关键。一旦无法融入好的团体，甚至脱离好的团体，吸收新知的机会便相对减少，很容易就丧失优势。此为身处知识经济时代的每一位工作者容易忽略之处，值得格外注意。

能力的内涵

当我们谈论到一个人的"能力"时，一般人通常认为这是指个人在某一领域的专业知识，因此，在追求能力的成长时，也只专注于专业知识的不断吸收与提升。但是，我们常会发现，两个专业知识水平相当的人去处理、执行相同的事情，产生的结果与成效却往往并不一样；甚至有些专业知识相对较低的人，处理起事情来反而得到比较好的结果。为什么会如此呢？

仔细分析"能力"的内涵，其实包含了三大部分，"专业知识"固然是其中之一，但除此之外，还包括执行、处理事物的方法与经验（即"执行能力"）；以及学习、反省检讨的能力（即"学习能力"）。这三个部分共同构成了一个人是否有能力成事，并且不断提升进步的基本条件。

"执行能力"牵涉的层面相当广泛且细腻。首先，要能掌握不同事物间的轻重缓急，要懂得阶段性、循序渐进推展的道理；执行事情时，必然会产生与其他人沟通协调的需要，因此沟通技巧与方法不可或缺；事情的推展不可能靠一个人就能完成，必须懂得相应的技巧与方法，并且知道如何把一群人组织起来，分工合作将一件事情"做出来"；由于执行事情必然牵涉到"人"，所以对于人的行为模式与心理特质的认知也很重要，等等。诸如上述种种，都属于"执行能力"的范畴。

至于"学习能力"，则是专业知识、执行能力两方面能否进步的关键所在，可谓个人能力的基础源头。学习能力除了包含态度上是否有心要学，以及是否懂得正确的学习方法之外，一般人很容易忽略的一点是，持续地自我反省检讨也是个人学习能力不可或缺的一环，如果不能时时自我反省检讨，学习的成效便会大打折扣。

个人能力的成长，必须要求上述三方面均衡发展，不可偏废。有些人专业知识非常丰富专精，谈起事来头头是道，但到了实际执行时，得到的结果却是不敢恭维。事实上，只有专业知识而缺乏执行能力，并不足以成事，所有谈论的事情即使再理想，也都只是空中楼阁。没办法执行落实以得到最后结果的话，丝毫没有价值可言。

反过来说，如果执行能力很强，但是缺乏专业知识的话，则因为无法正确地分辨、判断事物，而很容易导致把事情执行到错误的方向。虽然最后还是把事情做出来了，却没有把事情做"对"，这种情况同样无法产生好的结果。

魔力悄悄话

专业知识、执行能力、学习能力是能力的三大部分，一个人必须这三者兼具才可以称得上是"有能力"。学习能力是个人能力的基础；具有专业知识才能作出正确的选择与判断，避免走错方向；而执行能力强，才能让事物产生结果与价值。一个人唯有三者同时注重、均衡发展，其能力才可真正提升。

能力养成的五个等级

在工作或生活当中，我们不断地在学习各种事物或技能，而随着对同一件事物运作得更熟练、了解得更透彻、应用得更广泛，一个人的能力也跟着逐步提升。如果仔细分析一个人在某一领域的学习成长过程，则在不同的成长阶段所反映出来的能力高低，大致可以分为五个等级，我分别称之为：不会、会、熟、精、通。

当我们接触到一件新的事物时，因为没有人是天生就会的，所以必定是从"不会"的阶段开始。通过学习，我们知道了基本的方法与步骤，于是学"会"了这件事。"会"的标准其实不高，只要一件事情做得出来就算是"会"，但可能要花太多时间而没有效率，且做出来的品质也可能只有60分左右。很多事物我们经常只学到这个阶段，如果这是生活中休闲娱乐方面的技能，自然也足够了；但如果是工作上的能力，由于企业竞争讲求的是优劣高下之分，并非及格就好，特别是在竞争激烈的社会里，比别人差一分就居于劣势。因此，能力光是停留在"会"的阶段，显然不足以在职场竞争中存留下来。

学会了一件事情之后，通过反复不断地操作练习，经过一段时间之后，进步到可以把这件事做得很有效率、做得很好，则能够称之为"熟"。也就是说，一个人在能力上达到"熟"的等级，代表着他能够在效率与品质这两方面，同时达到一定标准的要求，对事物的运作与执行滚瓜烂"熟"。一个人的能力到达这个等级时，大抵能在现有的工作岗位上，表现得中规中矩，还算称职。

许多人在某一方面的能力达到"熟"的程度之后，很容易会陷入一个盲点，即认为自己对这件事情已经熟透了，难道这还不够吗？然而，

"熟"充其量也只是在依样画葫芦，只不过画得又快又好罢了，对于事物的了解却不见得透彻——知其然，而不知其所以然，一旦稍有变化，很可能就无从下手。一个人的能力若一直停留于此，往往数十年如一日地做着同样层级的事；也很可能因为客观环境改变，既有的能力不再有用，必须从头学习新能力。

"熟"地往上一个等级是"精"。在职场上，唯有达到这个等级的能力，才有资格在一家公司当中担任基层主管到中级主管的职位。要提升到"精"有一个先决条件，即要对于所从事的工作能够有"深度"的了解。而一个人唯有养成"独立思考"的习惯，并且习惯性地运用"系统性的思考"与"结构性的分析"，才有可能对于事物产生彻底而深度的了解。经由对事物深度的了解，便能够主动、独立地改善事物，具有这样的能力才可称之为"精"。因此，一个人要从"熟"提升到"精"，最重要的一点便是，不仅要知道如何做，还要进一步了解为什么要这样做，借以掌握每一个运作背后的道理与根源所在，如此才有可能找出当中不够完善之处，加以改善；遇到变化的时候，也能够知道如何应对。

举例来说，在"资讯通路"这个领域中存在各种不同类型的通路，例如，一般门市、大型卖场、增值型经销商、业务集成商等等，而且同一类型通路在不同地区的经营诀窍也会有差异。一个人若从北部"门市通路"的经营开始学习，达到"精"的程度之后，进一步学习中、南部"门市通路"的经营，并且也提升到"精"，则我们可以说此人对于国内资讯"门市通路"的经营已经"通"了，是这个领域的专家。如果继续学习通路形态的经营，则有可能进一步成为国内"资讯通路"的专家。因此，往后对于任何一种没接触过的资讯通路，便能够结构性、系统性地去了解，掌握其特质，以及与其他通路的异同之处，如此就能成功地经营这一新的通路。

当然，学习的脚步并非就此停止。如果在成为国内的资讯通路专家之后，还能到海外的资讯通路开疆拓土，或是学习国内通讯通路的经营，则有机会成为国际的资讯通路专家，或是国内的 3C 通路专家。越是经过多种通路的历练，比较更多类型之间的异同，则在通路这个领域之中，就越能融会贯通。

在学习成长的过程中，对于一件事物从"不会"到"会"，再到"熟"，进而提升到"精""通"，是一个持续不断的学习过程，即使已经成为某一个领域的专家，也还有更大、更多的领域等着去学习，没有尽头。而每一次等级的提升，都有更多不同的条件必须具备，而非随着时间的进展就能自然地升级；而且，愈往高的等级，其升级所需的学习过程也愈为漫长。因此，一个人的能力可以提升到哪一个等级，是否会在中途停止，取决于此人是否清楚认知到这一能力提升的过程与所需条件，以及是否有足够的动力与耐心去学习。

魔力悄悄话

从"精"到"通"，则是一个较为漫长、难度较高的过程。就工作上而言，一个人能力要提升到"通"的等级，必须在同一个领域中，经历过两种类型以上的事物，在"精"于不同类型的事物之后，比较分析不同类型之间的差异，加以去异求同，而在面对这一行业内的其他新事物时，便能够驾轻就熟地应对。一个人的能力提升至此，可称之为"通"，也就是融会贯"通"的意思。

学习能力

在"能力的内涵"一文中，我们将"能力"区分为"学习能力""执行能力"与"专业知识"，其中，尤以学习能力为其他能力之基础。因为学习能力就是学习的方法与技巧，有了这样的方法与技巧，学习到知识后，就形成专业知识；学习到如何执行的方法与技巧，就形成执行能力。所以说学习能力是所有能力的基础。

一般而言，学习新事物有三种方法。第一种是拆解法。当面对的是既成的、一套的知识系统，最好的方式是先将整套知识分拆为局部（子系统），了解个别部件（子系统）本身的意涵、整体与子系统间的关联，以及部件与部件之间的关联性，通透了解后，进一步再针对个别部件往下拆解、分析更小的部件。充分掌握事物的结构与层次，即能透彻了解整个事物的内涵。

譬如学校的学科就是一个系统，传授时会区分为几大部分，每一部分各有数个章节，各章节还可往下细拆为几个小节，部分、章节与小节中有其关联性，这都是方便学生吸收的做法。可惜的是，部分教师在讲授过程中，易忽略提醒学生所在的章节属于整体的哪个部分，与整体的关系为何，导致学生最终只学到个别部分的知识，反而忽略学科通盘的融会贯通，沦为见树不见林，同样犯了学习不用方法的毛病。

学习的第二种方法是并整法。当面对的事物未经整理成套，或是资料取得有困难时，即须由搜集资料做起。搜集资料的过程犹如瞎子摸象，一开始资料不足时，仅能摸索到少数部件，随着资料的积累增加，资料搜集到六七成后，即可尝试由已整理的资料去推断事物可能的全貌。犹如一开始虽是摸到象鼻、象腿，但有六七成把握后，可尝试跳脱部位的层次，推论其整体为何。在此过程中，要交互运用归纳、推论及系统思考的技巧，练习去推论整体的轮廓与内涵。

举例来说，联强早期切入资讯通路时，对资讯通路并不熟悉，只能通过资料的搜集了解通路。一开始先看到以消费者为销售对象的门市为主要通路，其本身包含了大型连锁卖场、一般门市等业者，随后发觉通路业者尚包括非门市业者，其销售对象则以政府机关、教育单位、企业行号等为代表，其业者大致可区分为大型系统整合商及一般加值商。随着时间演变，又陆续加入电视购物、网络购物等业者，渐次拼凑出通路的全貌。

学习的第三种方法，则是拆解法与并整法的混合运用。在通过并整法掌握事物二分之一或三分之二的样貌后，即要跳脱个别部件的思维，往上提升到全体的层次，再通过推论，以拆解法的方式重新拆解、架构其组成系统，对整体的掌握度即可提升到不同层次。

上述三个方法都易于了解，但三种方法运用的熟练度与火候，就决定了能力的高度。因此，将学习方法运用得愈熟练，甚至进一步将其内化成为习惯，既能提升学习能力，进而推动整体能力的层级提升。

魔力悄悄话

在现实生活中，我们观察到有人学得很快，有人却学得既慢又辛苦，原因何在？其关键即在学习不懂得使用方法。认知到学习有其方法，经常演练这些方法使之成为习惯，学习将会又快又透彻，能力、知识的成长也就会加速。

学习与应用

我一直认为，一个公司一定是员工好，部门才会好，部门好，公司才会好，所以重点在于每一个员工。员工要怎么才会好，当然是要不断学习。这种情形下，在联强的内部我们深入地去了解怎么学习比较好，也会观察员工学习的过程。有些人虽然很用功但是就学不会，或只是学到表面，或是告诉他的时候好像都懂，但是一转身去做的时候，又好像都忘了。

这几年我在外面演讲的经验也让我感受到，很多演讲的场合会碰到相同的一些人，表示这些人花了很多时间在到处听演讲，这样对应下来我就在思考，到底我们的学习有什么盲点？而这些盲点的缘由又是什么？对应自己学习的过程，什么样的方式会让自己觉得很有效果？什么样的情况会觉得怎么学都效果不明显？这些因素都让我去追根究底，想要找出学习的方式。

我期望我的同仁了解这些东西，而且能够无所不在地学习，而不一定要拘于课堂的学习或是演讲的学习。这样，学习的广度就能够拉大，我们也会潜移默化、不知不觉地持续学习，而不是为了学习而学习。

首先，我们来看从小学习的过程。当我们小学在学加减乘除的时候，知道了一加一等于二；学植树问题的时候，我们会想到路边的树木跟电线杆怎么算；学习鸡兔同笼时，我们会想象鸡和兔的模样，所以我们在小学所学到的东西，跟我们生活的体验是有关系的。那个时候"学"跟"用"是一体的，我们也会很有兴趣地学习。后来上了初中之后，我们学到了几何，怎么算图形的角度长度，但是基本上应用就比较少了，因为我们很少在家里量东西的角度。到了高中，学到的三角函数也很少实际运用；到了大学，微积分怎么用，变得愈来愈迷糊。

"学"与"用"分开，学习效果减半

大家回想可能发现，那时有人学得很好，有人也许已经开始学不好了，因为学跟用开始分离，降低了去印证所学是什么的兴趣。有些用功的人因为要考试，只好硬着头皮念，不管它干什么用的，反正就是一股脑地钻进这个学科；当我一抬头离开这个学科的时候，我就回到另外一个世界。渐渐地世界变成两个，一个是真实世界，一个是读书的领域，两个世界是没有交流的。所以，有些人就开始僵化了，读书或是上课时他就将身心投入，上完后就回到真实的世界，不会把课堂所学带回真实的世界。

就像我们在公司要把工作做好，就要整理自己的档案，不管整理得好坏，总是会整理；但是各位回家看看，家里有没有好好整理，有的人家里好乱，就是"忘了"利用工作中所学到的整理方法与技巧来整理家。

理论上我们在工作中学到的技能，是可以应用到任何地方的，但是你会发现这里面有很大的障碍，这是因为我们在成长过程中，不知不觉地把自己的世界切割成几块，而这几块是没有交流的。所以就容易形成学而不会用，变成"学"归"学"，"用"归"用"，两个没有办法联结的现象就出现了。因此，好学是不是真正能够学到东西，这就是我们要探讨的问题。

另一种情况是，有些公司主管学了一样东西后就很想用，却未去思索这与公司现有做法是否能搭配，以至于搞得公司天翻地覆，这也是"学""用"之间发生问题。所以有人说尽信书不如无书，这些情况都是因为学没有学透、拿来误用所造成的。

本来学习的过程要进到更高深的时候，学、用必然就会渐渐分离（不是那么直接）；而教导的人不是很有实务经验，教学过程中也没有很注重学与用的引导。所以现在最重要的事，是注重如何做好"学用合一"。但到底学习有什么样的障碍、盲点是要克服的？要用什么样的学习方法？如何对学跟用有一个正确又准确的认知，使我们花在学习上的时间，能够得到最大的效用？

首先我们要谈的是，学习的第一个步骤是什么？当我们在录用年轻人或是没有经验的人时，不管是你感受到或是他们自己也这么想，就是好像他们懂很多，但给人"满天全金条，要抓没半条"的感觉。原因就在于年轻人学得很多但从未用过，以至于根本不会用。

为什么你上了大学要选科系，科系是一个聚焦，就是某一个范畴，你必须专注地去学，学习了之后它就是你的背景，或说是一个"母"（核心）。举例来说，汤圆是怎么做出来的？我小时候看人家做汤圆，先将一个黏黏的米粉团，放在篓子里面搓，一面撒粉一面搓，然后粉就会一直黏上去，这样粉团就会愈来愈大，到某一种程度之后再切割成一小块一小块，最后搓成汤圆。在此其中，还要注意撒米粉时的技巧，撒的速度不能太快，否则假若"母"还不够扎实，却撒了太多米粉，米粉会碎成一块一块附着不在一起。

这里就告诉我们，能力的培养要先有一个"母"当作核心，而能力的扩大就像粉团，有那个基础后，逐步地撒米粉进去才能融合于那个"母"之上。所以一般人都是从自己的本科系所修习的核心当作敲门砖进入企业，应用自己的科系专业，逐步融入相关的知识，使得他的能力由核心的本科系逐步扩大；之后再渐次扩及其他相关事务，能力就随之逐步增长。

有两个很好的名词来说这件事，一个叫"能力范围"，一个叫"关切范围"。能力范围是说你已经形成了一种能力，它是聚集在一起的，是在某一个范畴，就是你自己能力基础的"母"。但是有能力范围还不够，还要有关切范围，这个关切范围跟能力范围有关，有的比较近，有的比较远，要依据相关性排定优先顺序，太远的关切顺序就要排在后面。

随着经验的积累，我们不断地在扩大自己的能力范围（亦即将关切范围逐步融入），强化能力的内涵、火候；而当能力范围在扩大的时候，关切范围也要逐渐扩大。但是关切范围不能扩得太大，因为一个人的时间是有限的，太大太远是用不到的。所以首先我们在学习的过程中，很重要的是要先从自己的能力范围开始，然后再去画出所谓的关切范围。关切范围就是要画出你要扩展的学习重点，因为学习有优先顺序，否则东学一点西学一点，就像米粉撒和太多、太快一样，最后是搓不成一团的。所以学习很重要的就是要有这样的观念和结构，才会知道要朝哪个地方去学习，才能够让能力的形成产生最大的效益。

善用联结经验，整理大脑资料库

接下来的话是学习要"如何学习"。刚才谈到小学求学过程那段，我强调的是跟亲身经验在做结合，这个结合相当重要，因为我们的脑是个很大的资料库，它储存了很多的经验，所以当你听到什么，和脑袋的经验相印证的时候，它们就结合在一起了。

因此，培养自己能力相对快速有效的方法，就是要不断地整理自己的经验，使得你的大脑资料库丰富且有条有理，不要像家里的仓库一样，有什么就丢什么，结果要找找不到。所以我们平常应该对自己经历的事物不断地整理，学到一样的东西，就把它整理进去。今天听一场演讲、看一篇文章或是看一则新闻，其中谈到的事物跟我的资料库里哪些资料有关联，当你把它关联在一起的时候，就是把新学到的东西加进脑海中，并放置在正确的位置。

什么叫作思考？思考就是一个事情跟我脑海里的事情有什么关联。这有很多种情况，例如说这是新的，那我就加到脑中去；或是听到的东西跟我的认知不太一样，但是我一听觉得很有道理，我就去寻找我错在哪里，这叫作史新；当有冲突而整理不进去的时候，这就形成问题，你有质疑但也觉得别人对的时候，这就产生了讨论。我把原来的拿掉，听进来的放进去，所以我们在听、读的过程，你的眼睛、耳朵所接受的讯息，其实是跟大脑的资料库做交流的。这样的一个机制，要能变成一个习惯。

　　刚刚所说的很多动作，大家都有在做，但是大家做了多少？频度有多高？有的人可以联结到好多事物，有的人只会联结到一个事物，这些都决定了你学习的成效。有很多人学习能力很强，不知不觉就会出现这种现象（动作），但是不知道为什么；其实就是他喜欢思考，所以经常在做此种联结动作，愈习惯做，愈会联结更多。所以学习效果要好，养成联结的习惯是非常重要的因素。

　　打个比方，1980年前后，我走在路上看到街上的招牌，就觉得有的招牌看起来很顺眼，有的看起来就很奇怪，原来是交叉的灯管在里面，好像国字后面打了一个大"×"。我就去思考为何有的招牌会这样，有些就很平顺。我就开始做联结，想到光线的亮度与距离成反比，这是在学校学过的，会形成"×"是因为灯管跟外面的压克力面板太接近了，就联想到做招牌要注意厚度，不可以太薄，不能让压克力面板跟灯管太过接近，否则亮度会不均匀。这表示你在看的时候就在脑中做联结，走在马路上就可体悟到很多东西。所以1990年联强在挂招牌的时候，我就告诉销售人员要注意哪些事项。

　　看到事物就跟经验不断联结的习惯，会让你在看新闻、走路或是聊天都在做联结，变成随时都在学习的状态；而不是进到教室才打开（学习的）开关，出了教室就关掉开关。人应该是随时开着学习的天线，培养出这样的习惯后，自然而然看到东西就有反应，就会学到很多东西，这是第一个要培养的习惯。

训练转换模拟，扩大学习效果

　　另外，是必须学会转换与模拟。举个例子，我常问我的员工：我的办公桌上有什么物品？有茶杯有文件有报纸，甚至有烟、打火机等，我会要求员工简单一点地叙述，这些都是我的办公用品，也就是说，"学习"要能够扩大效果，必须要习惯不只是看东西的表象，而是看东西的本质。在此例子中，我办公桌上的东西其共同的本质，就是广义的办公用品。

再举个例子，我以前常到拉斯维加斯，白天看电脑展，晚上就到赌场去。我不太喜欢赌博，只是当作娱乐。我发现拉斯维加斯玩 21 点的庄家手势非常专业、优雅，拿钱跟他换筹码时他会先喊一声，然后放到旁边的钱袋里；换 100 元钱时他会先把 5 个筹码一一摊开，再把它们堆叠起来。他在做这件事情的时候，赌客的手是不可以接近的。原先我不懂，以为发牌或是换钱都要故做样子，当时就想，如果我跟庄家认识的话，他多给我一个筹码或是帮我作弊的话，赌场要怎么管理？

后来想到看电影的一个经验，就是赌场的人经常需要监控荧幕，这么一联想，果然发现现场都有摄影机在录像。所以就知道为什么你拿给他一百元他一定要秀一下，他一喊的时候表示他要换钱，然后领班就要过来看或是表示他知道了，其中都是存在着一个控制的概念。这个例子就是说，参观赌场跟我看电影的经验相连结了。

这也让我联想到，拉斯维加斯的赌场一个比一个大，但赌场经营是一个相当倚赖现场个人判断力的事业，那如何找到那么多有高判断力的人？我另外思考一个问题，赌场会要求庄家自己 17 点以上不能补牌，13点以下则一定要补牌，为何要如此要求呢？若要如此，不如以机器人代替庄家就好了。但是回头一想，庄家是一个需要个别、高难度判断力的工作，且要够诚实，若能通过统计分析建立起判断的模式，再规定下属遵守这些准则，赌场即能予以管理。

那么，跟赌场管理很类似的基金经理人，背后的老板要如何管理其买卖股票的行为？股票的涨跌也需要高度的判断力，管理方法不外乎建立控管制度，譬如设立停损点之类的法则。这个例子也说明了，洞悉一个事件的本质与方法后，遇到相同性质事物即可以此类推，这是另一个联结与转换的案例。

先有主题再找知识，切忌本末倒置

回过头来我们说"用"。"学"是取得后储存在你的脑海里面，"用"

是从你的资料库中去找到你要的知识，去判断、解决所面临的问题（或事物）。所以主体应是问题，而并非所学到的知识。倘使陷入学到知识就要去用，但找不到主题，就会本末倒置。

另外还有一个认知，所有东西都需要配套。我们学习往往都是学单面，但大家仔细想一想，我们上过的管理课或是读过的管理书籍，往往都是单一的主题，而且有很多假设条件；但是一个企业有很多面向，所以很多人学了单一面向的观点就要拿来用，是不适合的。因为没有任何一个管理的观点在一家公司能百分之百适用，因为它是在很多假设条件情况下才成立的。

事实上管理就是配套，柴米油盐酱醋茶都要放在一起，而且放在一起不能冲突。譬如人事方面，我说要激励员工、给员工更好的福利，但是另外一方面你的获利在哪里？如果没有获利怎么有能力做这件事？好东西凑在一起的时候其实会产生冲突。当我们遇到冲突时该怎么做？管理就像艺术家一样，怎么样把所有东西凑在一起又能够和谐，要懂得成分怎么配，就像药剂一样，某一种药材放多少，另一种药材放多少，搭配起来就可以治这个病，就是好的处方。所以管理不是一个全套的应用，而是一门如何选取材料、分量的学问。

刚刚说的还只是人事方面，真正经营公司是七八个球一起使，在这种情形之下要怎样调配，这就更是艺术了。

魔力悄悄话

管理讲求的是完全地融会贯通。融会贯通是什么？就是整理，不是只把东西丢进资料库去，想要的时候却不知道从哪儿找起。所以这种调配在应用上是要特别注意的，这样，"学""用"才能产生效果。

系统习惯的养成

长久以来，耿强借由月报制度要求同仁养成整理、分析的习惯，某种程度已普遍性地引导同仁"数字表达"的习惯，并已达到一个好的成果。为了进一步强化同仁养成"系统习惯"的目的，我们希望鼓励同仁借由演练三项强化系统表达的方法，来建立系统表达的习惯；期望在耳濡目染中，提升个人系统思考的能力。

系统思考就是面对一项事物时，能先掌握整体，再进入分析组成部件以及其关联性，再由个别部件往下拆解、分析更小的部件，整个掌握事物的结构与层次，透彻了解整个事物的内涵。相对而言，单点思考者就是直接由某一部位思考，以至于看不到整体，也考虑不到与其他部件的相互影响关系，所以判断易有盲点，也易挂一漏万，此即最大的差异。

因此，系统习惯就是养成"先掌握全部、再拆解成部件"的习惯。假如我们在日常的表达、描述、解说报表之际，能先说明整体、再说明部件，即是系统表达的习惯。由于系统表达的背后，必然是一个先思考整体、再思考部件的思考习惯，而听者顺着表达的顺序，接收时也会先接收到整体、再接收到部件，如此一来就会形成讲者、听者都在演练"先掌握整体，再掌握部件"的情形；而这一系统表达的习惯，将有助于延伸出个人建立系统思考、系统分析的习惯。

为了营造系统习惯的环境，我们希望所有工作月报的准备资料中，个人都可强化下列三种表达方式。

第一，是拆解法的结构方式。未来整个工作月报的结构，先整体再细部，呈现有结构、层次的表达；遇有统计报表时，特别注意将"合计"的项目放在统计报表的最上方（过去会习惯性放在最下面）。

　　第二，就是养成绘制结构图或流程图的习惯。因为图本身即代表一个整体，里面的每一个方块即是其部件，部件与部件间的连接线即是彼此间的关联，此法将有助于了解各部件之间的因果关系与先后顺序。尤其人们是倾向于图像式的记忆与思考，图像的表达十分有助于讲者的系统思考，以及听者有系统的理解与记忆。

　　第三，是建立个人的工作控管表。将所负责之工作，有结构地表达于一张工作表上，用于定期追踪控管；此举将有助于建立工作关照的完整度，并提高工作的精致程度。

魔力悄悄话

　　"系统能力"是所有能力的根源。经由月报体系推动"系统表达"的习惯，在耳濡目染、潜移默化中，公司内部形成一个具有系统习惯的环境；自然而然地，对养成每位同仁系统思考、系统分析、结构分析等等的系统能力，大有裨益。

联结阅读　学以致用

在全球都无法幸免于金融海啸的冲击下，"活到老学到老"是能够在一波强似一波的风暴中屹立不摇的不二法门；认知到这一趋势，学习成为共识度最高的全民运动。然而，我们看到很多人勤于上课听讲、积极报考各种证照，稍有空闲便孜孜不倦地读，但是读了很多却是用不出来、产生不了效果。所以，有些人便以为读得还不够多，更加发愤地读，反而陷于囫囵吞枣，落入"资讯过多、让人肤浅"的境地；也有一些人则因为备感挫折，慨叹"读书无用论"而放弃阅读。这是读书不得法，阅读消化不良所致。

知识消化吸收机制的建立是在大脑建立神经网络的过程。当一个新知识被充分理解后，是做到第一个层次的阅读，也就是读进去的知识只在脑神经元间形成一组单独的细胞集团，它并没有与大脑既有的细胞集团扣连在一起，未来需要使用时，很难被提取出来。仿佛茫茫脑海中充斥着许多孤零零、无家可归的细胞集团，很难被联结到，最后就消失得无声无息。

知识消化吸收的第二个层次，就是新知识确实扣连到大脑既有的细胞集团，未来被提取的概率变高，知识就能被用出价值。两者要能扣连，就需要一边读一边思考"这跟职场有什么关系"而且要深入思考"联结的逻辑是什么"；当原来的认知出现扩大、深化的感觉时，就是新知识与既有认知产生扣连，新知识找到了归依，被提取的机会也会扩增，这个动作称之为联结阅读。

其实大家从小就会联结阅读，譬如小学数学课讲到加减乘除时，马上能应用于物件的计算与买卖；社会课介绍亲属关系，自然而然便能套用于家族成员的称谓等等。只不过当我们愈学愈多，名词、观念愈趋于抽象化，联结到生活经验的动作愈来愈难做，渐渐地习惯于只背诵不联结，最终便忘记如何联结了。所以，只要加强演练，改变习惯，相信大家很快能找回联结阅读的感觉。

然而，联结阅读只是知识要用出价值的最低门槛，若要让阅读的效益最大化，还要提升到阅读的第三个层次。好比仓库快要"爆仓"时，只要重新规划储位使其井然有序，便能装入更多物品一样；当你针对某个主题联了好多的讯息，感到原来的知识框架不够使用，你会想办法重组出一个条理更为分明的思考架构来涵盖所有相关的讯息，此即第三个层次的阅读。若能做到这个境界，你对该主题会产生全新的认知，而有通透与顿悟的满足感，火候炼到很高时，甚至会产生价值很高的智慧。

了解到联结阅读的重要性，最后我希望大家检视一下自己的"联结标的"；很多人联结阅读的标的非常发散，看似博学多闻，却没有一项产生显著的价值，殊为可惜。建议大家干脆锁定与职场相关为唯一的联结标的，因为职场占据大家最多的时间，也是获得经济报偿的主要来源；当你将所有阅读的讯息都联结到与职场相关，一则增加知识被利用的机会，二则加速你对职场工作的透彻了解，因而也让自己愈快获得丰厚的经济报偿，让你最快进入"学以致用"的良性循环。

魔力悄悄话

我们从小到大都在看书，不是应该很会阅读吗？但是当大家再深入思考一下，读了那么多书，有多少比例的知识真正被用出来？好比吃同样分量的食物，胃肠消化吸收能力好的人，转化成为养分的程度就愈高，反之就愈差。所以，自我检视"知识的消化吸收机制"，非常重要。

整合阅读　提升整合能力

针对很多学习的新领域，或是似懂非懂火候尚浅的范畴，我们会搜集、阅读文章，期望学习后能有所收获。

大部分人的阅读习惯是"单篇阅读"，但因文章篇幅有限，多半只能管窥一隅而无法尽览全貌；也因为阐述主轴不同，作者取材多少有其偏重而易顾此失彼；更因为观点有异，看法有矛盾之处也是在所难免的。

对于有思考习惯的人而言，或许会发现单篇阅读有其不完整度，或是不同文章的说法有所矛盾，而会主动搜集文章集合起来一起读，以求全盘了解、理清冲突矛盾之处；但多数人不求甚解、囫囵吞枣、被动地全盘接收，导致读得再多却都是单点、片段的杂学而已；有朝一日临到用时，便显得东拉西扯，令人一头雾水。

这样被动式的读书方式，其实是一种长期养成的习惯。

回想我们从小到大的学习方法离不开"老师教、学生听"，老师一课一课鱼贯讲过，而后以是非题、选择题、填空题等方式检视单点记忆的牢固度，长此以往便固化成"单篇阅读、单点提取"的惯性。以至大学、研究所虽有类似"整合阅读"的专题报告，却因习惯不够牢固，当进入职场不再需要提交报告时，学习便又重回"单篇阅读、单点提取"的状态，书到用时自然支离破碎无法成套。

所以，要完整地了解一个主题的知识，必须要改为主动式的整合阅读，即"一次读多篇文章"，并且要修枝剪叶理顺其关系，重新以一个逻辑组织起来，形成有结构、有层次、有轻重缓急的成套知识。未来运用时，相关讯息便能提纲挈领、井然有序地被提取出来。

这个动作需要搭配思考、系统、结构、整理、分析五大习惯中"整理"与"结构"的动作，大致包括下列步骤：

一、提列重点，归纳分类

两篇以上的文章一起阅读时，彼此间会有一些论述是共同的，有一些是互补的，有一些则是截然不同的，更有许多是属于枝枝节节的描述性文字。这一阶段就是去除枝枝节节的描述后进行归纳与分类，提列出重要的论点，以利于下一步的汇整工作。

二、找出矛盾，充分理清

在咀嚼、理解文章内涵的过程中，可能会出现不甚理解或矛盾之处，其实多半是自己略读而未能深度理解的缘故；只要加深思考与理解的深度与频度，便能发觉盲点而更正错误。

倘使深度思考后矛盾仍旧存在，这便是要进一步钻研之处，也是产生新知识或提升认知层次的机会。

三、找出各分类的概括名词

每一个分类都有物以类聚的共通特质，依这个共通特质用一个"概括名词"来描述之，才能便于论述或是推论。概括名词就是"总结"的意思，所以多属集合名词（如苹果、香蕉、葡萄的集合名词就是水果）或抽象名词；这是最为关键但易于忽略的动作，倘使未能做好，无法进入最后的理顺逻辑的动作。

四、理顺逻辑关系

理顺各分类之间的因果或逻辑关系，使其整合成一组完整的论点（形成"成套知识"），串联分类之间的逻辑，就是概括名词之间的逻辑关系。

逻辑关系有很多种，不论是依据重要性、因果关系、推论（演绎）、结构都是逻辑，都可以作为重新串联的"连接线"。

综上所述可知，整合阅读是提升整合能力最简单可行的演练方法。尚未掌握整合方法者，为了避免选题过于发散、取材不善导致成效不彰，可先通过公司内部"主管能力整合阅读"的主题与指定文章，搭配"引导思考问题"，以"依题目找答案"的方式来演练。随着方法的熟练与火候的掌握，工作本身就会产生源源不绝需要整合的题材，材料筛选也将更精准，成效愈发显著。

魔力悄悄话

整合阅读是做到全盘了解、系统思考的基础，有助于更高层次的思考与规划工作。所以，演练整合阅读，就能培养整合能力；拥有整合能力，便能运用于整合各种范畴的事物，这也是晋升到管理阶层甚至高阶领导人必须具备的一项能力。

第八章
学会感恩

感恩是一种钦佩。这种钦佩应该是从我们血管里喷涌出的一种钦佩。感恩是对世间所有人所有事物给予自己的帮助表示感激,铭记在心;感恩之心,是我们每个人生活中不可或缺的阳光雨露。无论你是何等的尊贵,或是怎样的看待卑微;无论你生活在何处,或是你有着怎样特别的生活经历,只要你胸中常常怀着一颗感恩的心,随之而来的,就必然会不断地涌动着诸如温暖、自信、坚定、善良等等这些美好的处世品格。自然而然地,你的生活中便有了一处处动人的风景。

世界上只有 50 个人

改变你命运的可能是些简单的小事情，也可能是些更具挑战性的事情；也可能是些书本里讲过的事，不过大部分都不是。这么多年来，我因为不能理解这些"小事情"，遭受了不少挫折，有些损失甚至是无法挽回的。

首先，也是最重要的一点：请记住，世界上只有 50 个人。当然不能简单地从字面意思上去理解这句话。我们常常会有这样的经历：在陌生的地方遇到了一个熟人；或者遇到一个陌生人，不过他也认识你的某一位朋友。

偶然坐在你旁边的人，可能后来成了你的老板，你的员工，你的顾客，甚至是你的弟媳妇。在你的一生中，同一个人可能会扮演很多不同的角色。

有很多次，之前还是我上司的人，不久之后却来找我帮忙；也有很多次，我要向我从前的下属寻求帮助。时间不同，我们各自扮演的角色都呈现出惊人的变化。那些不断在你生活中出现的人，每一次露面都会让你感到震惊。

正因为我们生活在这么小的世界当中，所以不管怎样，都要给自己留条后路。

是的，不会人人都喜欢你，你也不可能让所有人都满意，但是还是不要树敌为好。

比如，你在寻找自己下一份工作时，你的面试官可能会认识某一个认识你的人，这时你的声誉就十分重要了，也许会直接决定你的面试结果。

　　这样的场面已经上演无数次了：想象一下，你正参加一场面试，有很多人都在竞争这个职位。面试很顺利，而且看起来你也十分符合这个职位的要求。就在这时，面试官发现，你曾经和她的一个朋友共事过。面试过后，她马上就给那位朋友打个电话，询问一下你过去的工作表现，可能她朋友几句随意的评价就会让你成功就业，但是也可能就此了断你的下一份工作。很多时候，你觉得这份工作已经是囊中之物了，可是最后收到的却是一封拒聘信，你不知道到底是哪里出了问题，是什么让你丧失了这次机会。

　　本质上来说，你的声誉是你最重要的资产，所以请好好保护它们。不过也不要为了一些小小的失误而垂头丧气。时间还长，你还有很多机会来修补自己的声誉。这些年的经历，让我总结出这样一个观点：你和他人的每一次互动，就像要汇集到池塘里的一滴水一样，你和这个人交往多了，水滴也就增多了，那么池水也会越变越深。积极的互动是清澈的水滴，而消极的互动则是红色的水滴，但是它们不是对等的，也就是说，要用很多滴清澈的水滴才能冲淡一滴红色的水滴，具体的情况也是因人而异。对于那些宽容的人，只要一点点愉快的经历（清澈的水滴）便能消除那些不愉快的回忆；而对于那些狭隘的人，要用很多很多清澈的水滴才能冲淡他们心中那红色的水滴。而且，对大多数人来说，池水也是在慢慢消耗的，就是因为这样，我们更容易去注意最近发生的事情，而忘记很久之前的经历。

　　这个比喻说明，如果你和一个人有很多次愉快的互动，你们已经是很好的朋友了，那么仅仅一次不愉快是没什么的，这就像将一滴红色水滴倒进一片海洋里一样，没人会去注意。但是你跟一个人不熟，或者根本不认识的时候，一次不愉快的经历就能把整池水都染红。

　　这提醒我们，同他人的每一次互动都非常重要，无论他们是朋友、亲人、同事还是为自己服务的人。而且，很多组织机构都非常重视你对他们的态度，这也决定着他们对你的看法和态度。例如，在一些知名的商业院校里，应考者和学校以及学校员工的每一次互动都会被记录，如果应考者对接待人员很无礼，那么他就会被记录在案，这会严重影响学校对该应考者的评估结果。有些公司也是如此，据鲍伯·萨坦的《浑蛋止步法则》一书中所讲：在捷蓝航空有这么一条规则，如果某位乘客对乘务人员有多次的无礼行为，那么这位乘客将被列入公司的黑名单，这样，他以后就很难再乘坐捷蓝的飞机了。

魔力悄悄话

你可以凭自己的诚意和行动去创造一些积极的互动，用它们来冲淡红色的池水，可是池水越红，你要付出的努力就越多。我曾看到，有些池水到最后也没有变淡过，隔阂一直也没有消除，如果这种事情发生，那么，是时候停止与那个人的互动了。

用将来的眼光看现在

几年前，我的一个学生来向我寻求帮助，希望我能给他些建议。

那时，他正负责组织一场全校规模的商务计划竞赛，可是到最后一轮比赛时，一组入围选手却没能来参赛。跟其他闯入决赛的选手们一样，这一组也为自己的计划付出了几个月的艰苦努力，克服了很多困难才走到这一步。

可是很不幸，他们没有及时收到参加最后一轮展示的通知。

一方面是因为消息发出得有些延迟，另一方面也是他们自己没有注意。这个学生简直快疯了，不知道该怎样处理这件事，他一面焦灼地思考究竟该怎样去做，一面心神恍惚。

他觉得自己只有两个选择，一个是严格按照比赛规则行事，取消这一组的比赛资格；再一个就是放宽政策，另外安排时间让他们展示自己的设计作品。

他想还是按规则办事好些，因为其他选手都已经来了，再重新安排比赛时间会很麻烦。他不安地跑来找我，向我询问该怎样做。

我稍稍安抚了他的情绪，让他平静下来，却没有告诉他该怎么做，只是跟他说：无论他怎么决定，我都希望将来他能为自己的决定感到高兴。

我让他设想一下，将来求职面试的时候，如果有面试官问他，该怎样在进退两难的情况下处理一些比较棘手的问题，他会如何讲述现在他遇到的这件事。

最后，违规的那一组还是被允许来参加比赛了。我意识到，通常在面对一些两难的局面时，思考一下将来该如何讲述这件事，会帮助你更加客观地评价现在的决定。

你希望将来能为自己作出的决定感到骄傲吗？

那么现在就仔细思考一下，什么才是正确的决定吧。

魔力悄悄话

很明显，你不可能让每个人都满意，有时你的行为甚至可能激怒某些人，同时也让自己陷入两难的境地。在这种情况下，有种很好的方法可以帮你做出正确的选择，那就是事先设想一下，当事情过去之后，你将怎样讲述现在所发生的一切。

及时弥补过失

　　每个人都会犯错，挫折也是生活的一部分，尤其是在你第一次做某件事的时候。我曾浪费了很多时间，为自己犯下的错误懊恼沮丧。不过这也让我明白，学会如何改正错误、弥补这些过失才是问题的关键。

　　我曾犯过很多错误，这也意味着我有很多机会学习如何弥补自己的过失。有一件事让我十分难忘：刚刚大学毕业时，我在本地报纸上读到一条消息，说政府打算建立圣荷西科技馆，并且整个计划由斯坦福大学教授吉姆·亚当斯负责，这位教授可是斯坦福大学创新教育的先行者。我想，要是能去这所科技馆工作那就太好了。于是我就每天打电话给科技馆办公室，希望他们安排我见见这位教授。可是每次都被告知教授不在。等到我真正见到吉姆的时候，他桌子上已经堆了差不多一英寸厚的字条，告诉他我打过电话。

　　最后，吉姆终于同意和我见面了。他对我的面试表现很满意，可是那时真的没有什么正式的工作要我去做。没办法，他建议我去找一位刚到任的负责陈列设计的女士谈谈，看她能不能安排个职位给我。看起来，摆脱我的"纠缠"似乎成了这位女士的第一个任务。她邀请我一起吃午饭，同时进行面试。不过还没点餐的时候她就告诉我："我只是想告诉你，你真的不适合在我们这样的机构工作。你太爱出风头了。"听了这话，我委屈极了，眼泪差点就流了出来，但是在这种情形下，我只能努力克制自己的情绪。我向她道歉，告诉她我很感谢她能告诉我这些，让我知道了自己的不足。我以为我对事业的热情和活力会打动他们，可是我却没有选对表达方式，让他们产生了误会。慢慢地，那种紧张而尴尬的气氛消失了，我们开始了一段愉快的对话，最终，我还是从她那里得到了一份工作。

这个故事说明，对自己的行为负责，并且积极从实践中吸取经验教训是非常重要的。只有这样，当问题发生时你才能迅速作出反应。巧的是，我目前在斯坦福大学工程学院教授的创新课程，就是很多年前由吉姆·亚当斯教授传授给我的，这恰恰符合前面我所讲的那一点。

人际关系学专家珍妮·卡华吉的一项调查说明：那些乐于学习的人，更能有效地转化消极局面。珍妮做了个实验，安排两组人员，进行一场模拟面试。在面试之前，她会跟"面试官"讲一些关于"应聘者"的"坏话"，让"面试官"对"应聘者"产生一些消极的偏见；同时将"应聘人员"分成三组，对每组有不同的要求：第一组，要证明自己很符合这个职位的条件，应该得到这份工作；第二组，要表现出自己很乐意从这次面试中学到一些东西，面试的结果并不是最重要的；而对最后一组，没有什么具体的要求，全靠他们自由发挥。实验结束后，她发现了一个有趣的现象，"面试官"对第三组和第一组"应聘者"的偏见都进一步加深了，而只有第二组，在整个面试过程中，他们都本着学习的态度，表现得低调谦和，这成功地扭转了"面试官"对他们的偏见。

魔力悄悄话

道歉其实是很简单的，它不需要什么长篇大论的解释和告白，一句"这件事我没处理好，我道歉"就足够了。当你意识到自己的错误时，越早道歉越好，如果等了好久才去道歉的话，那么等多久，伤害便会持续多久。

谈判中最重要的事

谈判能力是一项十分重要的生存技能。这种技能不是从书本中能学到的，只能从实践中获得。我们同他人的互动和交流都是由一系列谈判构成的，如果搞不清谈判的基本原则，会给自己带来极大的损害。生活中我们一直进行着各种各样的谈判：我们同朋友谈判，决定周日晚上应该干点什么；我们同家人谈判，看看该由谁来洗碗，谁来付账单；我们和同事谈判，决定谁来加班完成工作；我们还跟推销员谈判，为买一辆汽车讨价还价……我们整天都在谈判，可是自己却没有意识到这一点，甚至不知道该如何去"谈判"。

我曾给我的学生安排了这样一个活动，从表面上看来就是个雇主和应聘者之间的简单谈判，他们将要就八项条件进行磋商，包括工资、假期、工作安排等，每项条件都有一定的分数，谁在这项条件的谈判上取得了胜利，这分就加给谁。看看最后谁的分数最高。通常，谈判双方都是就逐个条件进行谈判，试图在每一个条款上都达成一致。不过很快他们就意识到，这种战略根本不起作用。30 分钟的谈判结束后，有的谈判者已经解决了问题，也有的谈判者则不欢而散。那些达成共识的谈判者主要可以分成两类：一种是很想在一起工作的，另外一种就是都对结果不太满意。有些组谈判双方的分数差不多，有些组双方的分数却有很大的差距。那么，在谈判过程中到底发生了什么呢？

在这次活动中，大多数的谈判双方都犯了一个共同的错误，那就是没有针对问题作出准确的假没。大部分人都认为，雇主和应聘者的目标是完全对立的，应聘者想要的和雇主想要的肯定是相反的。可事实上，双方是有共同目标的，这两个目标虽然相反，但是对双方都十分重要。

虽然这是个模拟谈判，但是它充分反映出一点：虽然有时谈判双方在某一问题上持相反观点，而且这个问题对一方来说意义更为重大，但是双方还是存在共同利益的。

前段时间，我打算买一辆新车。在我的观念里，那些汽车推销员们肯定会极力推荐我买那些很贵的车，而我自己当然是想买那些价格实惠的车。不过，我还是想检验一下这种假设是否正确。在试车的时候，我问了很多汽车行业的问题，包括推销员们的薪酬制度。推销员告诉我，他们的佣金跟汽车价格没有任何关系，他的奖金主要来自客户的好评，也就是说，客户满意度越高，他的奖金也越高。我告诉他，如果他能给我个好价格，我很乐意给他个好评。这样我们之间就形成了一种双赢的局面。要不是我花了点时间去研究，我可能永远也不会知道我们之间还会有这种共同的利益。

魔力悄悄话

能否进行一场成功的谈判，关键在于你能否清楚地看到双方的利益所在。这说起来很容易，做起来却有点难度。因为大多数人都紧抓着自己的利益不放，认为只有这样，才能在谈判中争取到有利地位。不过现实中这种想法经常会误导你作出错误的决定，因为你会忽略掉双方存在的共同目标。

双赢永远是可能的

如果你能抓住日常生活中每一次谈判的机会，你就会有更多的时间去练习这种技巧，不断提升自己的谈判能力。

谈判无处不在，以下这个故事就清楚地说明了这一点：很多年前，我去北京开会。在那里，我的同事爱德华·鲁贝施恰好遇到了一些他在泰国国立政法大学的学生。他们正打算到长城去看日出。这听上去是个不错的想法，我也动心了。

我原以为这次长城之旅会很好组织，没想到最后由于一些原因，差点让这计划破了产。

我找了宾馆服务台、当地的教授、宾馆附近的出租车司机，可是他们都听不懂我在说什么，当然也就没法帮我安排这次旅行。同时我也跟其他同事讲了这件事，他们都对这次游览很感兴趣。我们约好凌晨3点在酒店大堂集合，由我来负责行动的具体安排。我不想让他们失望，可是却真的不知道该怎么完成这项任务。我想尽办法还是没找到人来帮助我们。

我住的宾馆对面有所英语学校，我想至少也要找到个能和我说话的人。前台建议我跟大堂里一个17岁的学生谈谈。我找到他，作了自我介绍，想和他商量一下，看看他是否愿意帮助我们完成这次旅行。没多久我就了解到，这个男孩是个很有天分的学生，在音乐、体育方面都受过良好的教育，现在正在申请进入大学学习。

哈！有了！我知道怎么帮他了！我跟他说，如果这次他能帮我们组织去长城看日出的话，我就会给他写封推荐信，这对他来说也是个不错的交易。

几小时之后，他就帮我们解决了问题；我也很高兴地给他申请的大学写了封信，里面介绍了他的积极主动、勇于创新、乐于助人的好品质。这样，我们双方都得到了好处，大家一起，再一次创造了一种十分美妙的双赢局面。

斯坦·克里斯滕森在斯坦福大学讲授谈判课程。他就是从不断的谈判中汲取最大的价值，才建立起自己的事业的。经过多年的研究，他发现，很多人把最有价值的东西都留在了谈判桌上，因为从一开始他们就作出了错误的假设。

斯坦建议大家要在谈判中寻找那些你没有料到的情况，只有这些意外才能说明你之前的假设是不准确的。他还建议我们，要针对谈判对手的利益和风格选择谈判方法，而不是简单地从自己利益的角度去考虑问题。不要带着完全设计好的、一成不变的方案去谈判，而是要仔细倾听对方的表述，推测他们的真正动机，见机行事。这些建议都能帮助你创造一种积极的谈判结果。

作为一名家长，我有无数次机会去磨炼自己的"母子"谈判技巧。几年前，乔什想买辆新自行车，他想参加自行车比赛，而且他觉得自己也该买辆好车了。

于是，他来找我和麦克，跟我们说："我已经调查好了，发现有款车简直是完美！我想买下它，这对我来说很重要。"可我们的反应是："不错……可是我们不可能花那么多钱去买一辆自行车，要是价格只是现在的一半还可以考虑。不过你也可以想些办法来说服我们。"我让乔什想想，他能为我和麦克做些什么，才能让我们相信花那么多钱给他买自行车是值得的。那乔什到底想出了什么好主意呢？

他考虑了几天之后提出了一些建议。

他表示，以后他会自己洗自己的衣服，而且负责采购食物和每周给全家做三次晚饭。我和麦克也考虑了一下，觉得这交易蛮划算的，这样不但能帮我们省下很多时间，他自己也可以学到很多生活技能。这样就成交了！乔什得到了新自行车，并且开始认真履行自己的诺言。就像所有的家长一样，我和麦克一直有很多机会为将来的某些"交易"同孩子谈判。不管这些谈判取得了什么重大的成果，都是在为下一个谈判做准备，第一次谈判只不过是个开始而已。如果第一次谈判公正而平衡，谈判双方都能履行诺言，那么下一次的谈判才会更加顺利。就像我多次提到的那样，我们生活在一个很小的世界当中，很多事情都会反复出现。

魔力悄悄话

别人的短处可以彰显我们的长处，我们的长处可以衬托别人的短处，这样彼此都有好处。推而广之，这是一种竞争中"双赢"的智慧，而这在现代社会中尤为重要。

最佳替代方案

某些情况下，如果谈判无法形成双赢的局面，那最好就结束谈判吧。斯坦给他的学生讲述了一个关于房地产交易的案例，希望他们能明白：当你明确了各方利益之后，如果发现各方的目标毫无交集的话，终止谈判是最好的选择。

可是大部分学生都不愿意放弃，哪怕这会使双方的利益都受到或多或少的损害，他们还是竭力想要促成合作。我们中很多人都有这样的观念，认为做成买卖总比空手而归要好，却没有考虑这买卖能给自己带来多少好处。

虽然这不是普遍现象，但是有些时候，终止谈判，哪怕是空手而归，又何尝不是一种更好的选择呢？

如果你不知道该不该终止谈判，那么我可以告诉你一个好办法，那就是要明确自己是不是还有其他选择，再把手头的这笔交易同其他选择做下比较。这在谈判学中被称作"最佳替代方案"。在每一次谈判之前，都要弄清你自己的"最佳替代方案"，这样才能最大限度地实现自己的预期目标。斯坦用了一个关于迪斯尼集团和一群环保主义者之间谈判的案例，向我们清晰地说明了这个问题。

迪斯尼打算在一块地皮上建立一座新的主题公园，这遭到了一群环保主义者的强烈反对，他们无休止地争论着，认为迪斯尼应该按照他们的想法来建设公园以保护环境。

最终，双方无法达成协议，谈判破裂了。结果迪斯尼放弃了在这里建造主题公园的计划。

不久之后，这块地皮被一个房地产开发商买了下来，他在这里建了一个很大的住宅区。众所周知，一个大型住宅区对环境造成的恶劣影响远比一个主题公园要大得多。如果那些环保主义者当初能够考虑一下自己的"最佳替代方案"的话，他们肯定会明白，与迪斯尼达成一致才是更好的选择。

魔力悄悄话

　　总的来说，要想有效地进行谈判，就要先弄清自己的目标和对方的目标，做到知己知彼，尽力达成一种双赢的谈判结果；同时也要知道什么时候该终止谈判，保护好自己的利益。这听起来很简单，但是要想掌握这种技巧，能让谈判双方都满意，可是要花点力气才能实现的。

不要小看助人为乐

帮助他人也是一门艺术，是成功者应具备的另外一种重要技能。我上大学时，每周都会给父母打个电话。每次快要挂电话时，妈妈都会问我："我能为你做点什么吗?"这种无私的关怀和爱意一直让我感动。大多数情况下，我不需要妈妈为我做什么，但是每当想起妈妈一直在关注我的时候，我却备感温暖。

如果你不是习惯性地随口说说，而是真心想帮助别人的话，我建议你试试这个方法。当别人接受了你的好意时，一定要真诚地去帮助他们。就像盖伊·川崎先生所说的，"你应该努力成为一个'好人'，好人帮助他人却不求回报。通常，我们会慷慨地帮助那些我们认为将来会对自己有所帮助的人。但是，作为一个'好人'就意味着，哪怕你明知道他将来不会有能力帮助你，也要给予他无私的帮助。如果你喜欢，可以把这看作一种因果循环。只有那些无私奉献、慷慨助人的人，才会有好报，才会有人愿意帮助他们"。

我清晰地记得，曾经有那么一段时间，我不知道该如何去帮助别人。我刚上大学时，班级里有个同学身体有点残疾，只能依靠拐杖走路。

有一天，他在走一段坡道的时候摔倒了，看着他挣扎着想要站起来，我却不知道该做些什么。如果就这样袖手旁观、漠然地走过去，我心里会不安，可是如果我过去扶他，就会引起其他人的注意，大家就会知道他是残疾人，那样他会很尴尬，这真的让人十分困扰。还有一次，我一个同学的母亲在久病之后去世了，我不知道该说什么，生怕自己说错了话，对他造成伤害，所以最终我选择了什么都不说。

几年之后的一天，我在斯坦福大学的校园里跑步，因为前一天刚刚下过雨，路上很滑，我不小心跌倒在地，弄得一身是泥，满身淤青，真是很疼啊！我坐在路边，泪流满面。那时有十几个人从我身边走过，却没有一个人问我需不需要帮助。就在那一刻，我突然知道该对我那个跌倒的同学以及那个失去母亲的同学说些什么了。我们所需要的只有一句话："你还好吧？我能帮你做点什么吗？"现在看来，这句话是如此的简单，却又是如此的不寻常，我花了这么多年的时间，才领会到其中的深意。

这也教会我们，要如何同团队里的陌生人相处。不幸的是，我们花了太多时间去思考如何战胜别人，把自己的成功建立在别人的失败之上，这种思维导致我们很少去帮助别人。我记得，进大学的第一周，我向一位室友请教一道微积分作业题，她毫不隐讳地告诉我："如果我告诉你这题怎么做的话，你的分数就比我高了，那样你就能进医学院，我就去不了了。"这事我可一点都没夸张。她不愿意帮我，是因为她觉得在未来的4年里，我们都是竞争对手，不能让我超过她。多年以后的现在，我常听我儿子感叹，读了这么多年的书，他似乎一直是沿着一条曲线进步的。意思是，现在大家不仅要为了应付考试，认真学习各学科知识，更要时刻想着如何比别人表现得更好，如何战胜别人。而正是这些，让他们不敢去帮助那些所谓的"竞争对手"。

魔力悄悄话

随着年龄的增长，我发现无论是对朋友、家人还是同事，我们都可以这样做。当你询问他人是否需要帮助时，他们会感到很高兴。其实很少有人会真的让你帮他做点什么，就算是有也是些很小的事情。几乎没人会让你帮他做你做不到或者不愿做的事情。甚至当你拒绝他们时，他们也会理解你的无能为力，对你曾表示出的善意心存感激。

第九章
点亮你的未来

　　人们很容易被传统的思维方式束缚，将其他一些可以解决问题的好方法拒之门外。对大多数人来说，总有那么多人站在你身边，对你的行为指手画脚，鼓励甚至是督促你按照他们指定的道路前行。你只能在这个既定的框架内发展自己，必须步他们的后尘，跟着他们的脚步走下去。就像设计学院创办人大卫·凯利所说的："他们带着富有创造力的自信走出校门。"他们知道，自己可以去尝试，去失败，然后再去尝试。我们必须知道一点，那就是我们每个人都有这样的能力。

学会创新思维

人们很容易被传统的思维方式束缚，将其他一些可以解决问题的好方法拒之门外。

对大多数人来说，总有那么多人站在你身边，对你的行为指手画脚，鼓励甚至是督促你按照他们指定的道路前行。你只能在这个既定的框架内发展自己，必须步他们的后尘，跟着他们的脚步走下去。只有这样，才能凸显他们的权威，他们才会感到舒服，让别人知道只有他们的选择才是正确的；你可能也会觉得很安逸，毕竟不用自己去思考了，别人已经为你准备了现成的答案，照着做就好了。这种所谓的"传统"，严重限制了个人能力的发展。

一个群体中太突出的人会受到其他成员的排挤和打压，为了在团体中生存下来，他们不得不压抑自己的才能，和别人保持一致。

群体生活是很常见的现象，几乎每个人都处在一个或大或小的群体当中，那些想做些冒险和突破的人总是会被其他团体成员拉回来。更糟糕的是，在某些地区，那些敢于创新的人甚至会被当成罪犯来看待。这种传统对一直致力于加强发展中地区创新意识的组织 Endeavor 来说，真的是个很难处理的问题。

当 Endeavor 在拉丁美洲发起时，组织成员们告诉当地人：他们想做点事情，以激发人们的创新意识。

这引起了当地人强烈的抵制和反对。为了更好地推广他们的观点，抓住创意和创新精神的精髓，Endeavor 还特别创造了一个新词——创业者。

虽然过程充满艰辛，但是经过多年的努力，创业者最后终于被当地人所接受，人们的思想也逐步发生了变化，开始接受了这种全新的理念。现在，Endeavor 在埃及也面临着同样的挑战，不过他们还是信心满满，打算也在这里创造一个新词，向人们解释这种创新精神。

魔力悄悄话

在拉丁美洲有这么一个短语，说的是有些人怕别人比自己爬得高，就会扯住对方的夹克衫下摆，不让别人继续爬，当然这是字面意思。它可以用来形容那些怕别人超过自己，就去想方设法阻碍别人前进的人。其他国家的人，也把这叫作"精英综合征"。

开放性问题带来创造性思考

在斯坦福生物设计学院，如何让学生们打破传统观念的束缚，挑战假设，充分发挥自己的想象力，是我们的主要任务。我们布置的每一次作业都是要将他们从安逸的角落中拉出来，让他们重新去接触周围的环境。老师们会提出问题，却不会给学生固定答案。另外，设计学院教室的空间设计也十分适合这种实验性教学。教室里所有的家具都是带轮子的，可以随意变换位置，创造不同的教学环境。每次学生们进入教室时，教学空间都会有所调整。无论是各种材质的箱子，还是回形针、橡皮筋、彩笔、吸尘器都被我们应用到教学当中，为学生们实践自己的想法提供材料。教室里摆满了可移动的白板，上面贴着各种颜色的标签纸，写着各式各样的集体讨论问题，墙上还有不少照片和手工制品，描述了过去的一些教学案例，可以为学生们的创新思考提供一些灵感。

我们经常会给学生提一些开放性的问题，例如如何才能让校园里的自行车更加安全，如何鼓励儿童吃健康食品，等等。除了这些本地的项目之外，在吉姆·帕特尔和戴夫·毕茨教授的"最低成本控制"课上，学生们还会和一些发展中国家的伙伴们合作，一起研究当地面临的一些实际问题，并找出一个切实可行的解决方案，争取花最少的钱，解决最大的问题。这一项目直接导致了一系列新产品的面世。例如，有一组学生在访问尼泊尔的一家医院时发现，传统的西式早产儿保育器根本不适合这里，它不仅价格极为昂贵，市场标价在 2 万美元左右，而且维修也很麻烦，根本买不到需要的零件，坏了的话就只能放在那里当个摆设；而护士们更是对保育器上的英文操作说明和注意事项一窍不通，因为她们根本不懂英文，对她们来说，那是天书。更重要的是，大部分的婴儿都在离城市很远的乡村出生，那里根本没有什么保育器，因此那些需要保暖的早产婴儿几乎没有机会得到这种护理。

基于这些问题，这一组学生根据当地的条件，用了几个月的时间设计了一款新的保育器叫"拥抱"。这款产品充分满足了当地低成本、低技术含量的需求。他们设计了一款小型睡袋，它里面有一个可插拔的小袋子，而这小袋子里面装的是一种很特殊的蜡，这种蜡的熔点只有37℃，正好是维持新生儿正常体温的合适温度。这个保育器只卖20美元，有了它，父母和一些当地的小诊所就能够更好地照顾早产儿，或者在运送途中为早产儿提供有效的护理。这款产品的操作也十分简单，不需要任何技术培训，也不用电，只要把绝缘睡袋里的蜡包拿出来，放在热水里将蜡融化，然后再把它放进睡袋里面，就可以持续好几小时保温。如果它变凉了，还可以把它拿出来重新加热。这种价格低廉的产品很方便在那些偏远贫困的地区普及。

学生们也在不断完善这些课程。他们对细心观察周围问题所产生的巨大能量有了新的理解，而且也肯定了自己发现问题解决问题的能力。其实，我们首先要做的就是要给自己这样的机会，去实践这种能力。不要老是去找一些外界因素，这些都是由我们自己来决定的。

魔力悄悄话

就像设计学院创办人大卫·凯利所说的："他们带着富有创造力的自信走出校门。"他们知道，自己可以去尝试，去失败，然后再去尝试。其实，我们每个人都有这样的能力。

自己决定看世界的方式

我们对世界的看法，主要来源于自身的各种经验。以前我就知道这个道理，可是一次特别的经历，让我对它的理解更为深刻了。

几年前，我参加了一个创意写作班，教授要求我们用两个不同的身份去描写同一个场景。首先，我们要用一个刚刚坠入爱河的人的身份去描写，然后再用一个在战争中失去孩子的人的身份去描写同样一个场景，并且，在文字里不能提到有关"恋爱"或"战争"之类的事情。这个简单的小作业向我们揭示了一个道理：在不同的情绪状态下，个人对世界的看法也是完全不同的。当我想象自己正兴高采烈地漫步于拥挤的街头时，我觉得自己肯定只会注意到那些绚丽的色彩和美妙的声音，我会浮想联翩，心里想的也都是些美好的事情；可是当我内心苦闷时，即使是在完全相同的环境下，我的心境也会完全不同，我会觉得一切都是灰暗的，到处充满了不完美，比如地面上的那些小裂缝，此时就会跃入我的视线，占据我的思想，我会一直低着头，无法让自己振作起来，整个城市在我眼里都是那么的令人沮丧，没有一点生气……我翻找了好一会儿，终于把我当年的作业找了出来，在这里给大家展示一下：

琳达低下头，深深地呼吸着新鲜玫瑰花的香气，这是她刚刚买来的，花香正浓。这香味让她想起了刚出炉的面包的味道。大门外，一个业余的杂耍演员在表演，那人穿着艳丽的演出服，吸引了不少孩子围着他观看。每当他做出滑稽动作时，孩子们都会咯咯地笑起来。琳达看了一会儿，她发觉自己也不由自主地笑了。不一会儿，那人的表演结束了，他朝着琳达夸张地鞠了一躬，琳达也向他回礼，并把手中的一枝玫瑰递给了他。

奉献——俯首甘为孺子牛

乔深深地垂着头，迎风走在路上。今天很冷，一阵阵寒风冰冷刺骨，仿佛要把人穿透。一些破报纸在空中飞舞着，一会儿撞到了墙上，一会儿又被风吹起来。路面崎岖不平，到处都是细小的裂缝，打破了人行道原有的"节奏"。"踩到裂缝，你妈背疼；踩到横线，你妈脊梁疼"，每踩到一个裂缝，乔都会想起这句话，儿时的戏语如今却变成了一阵低沉的嗡嗡声，不断在他耳边响起。

魔力悄悄话

这个作业真的很有价值，它不仅锻炼了我的写作技巧，更教会了人们一种基本的生存技能。它时刻提醒着人们：个人的世界观完全是由自己决定的，生活中有缺陷也有完美，就看你自己怎么选了。

宽容自己与他人

我也常把这本书中提到的一些故事讲给我的父亲听。他已经 83 岁了，正打算花些时间总结一下这么多年来自己对人生的感悟。尽管父亲现在过着优越的生活，可是这一切都是靠他的努力得来的，其实父亲这辈子真的很不容易。

20 世纪 30 年代的时候，当时只有 8 岁的父亲就跟着家人从德国逃到了美国，那时他们可以说是一无所有。父亲一句英语也不会讲，祖父母也没钱供养两个孩子，只能把父亲留在了一个亲戚家。一直到祖父母攒够了钱，把他接回家的时候，父亲都没有跟那些亲戚们交流过。很显然，父亲的起点要比一般人低很多，可是他却凭着自己的努力创造了一番事业。在退休之前，父亲已经是一家大型跨国集团的副总裁兼首席运营官了。

回首一生，父亲认为他最大的收获就是懂得了一个道理，那就是不论是对待自己还是别人都不能过于苛刻。他很希望当初能够对自己或别人犯下的错误多些宽容，希望自己能明白失败本身就是学习过程中重要的一部分。而现在，父亲明白了其实我们大多数的错误都不是什么惊天大错，并没有想象中的那么严重，没必要对自己或别人太过苛责。他还给我讲了个故事，让我对这一观点有了更深刻的认识。父亲早年曾在美国无线电公司任职，有一次他和他的团队承担的项目进展得很不顺利，父亲和同事们几天几夜没合眼，试图纠正项目执行过程中的一些错误。如何寻找一个合适的解决方案成了他们工作的焦点。而当他们费尽周折，终于解决了问题的时候，整个计划却被公司取消了。尽管他们自己把这项目看得重之又重，可是在别人眼里，它只是个小小的牺牲品。生活中大部分事情就是这样，尤其是失败的时候，你可能把自己的错误或失败看得很重，一直耿耿于怀，可是在别人看来，或者自己过后想想，那其实并没那么严重。

父亲还告诉我，成功虽然甜美诱人，却也十分短暂。当你位高权重时，权力会是如此的美妙，它能给你带来很多好处；可是一旦你从这个位置上走下来，便不能再居高临下了。当你还在聚光灯之下时，应该好好珍惜这段时光，而到了该退场的时候，也应从容离开。你的公司不会因为你的离开而停止运转，因为没有哪个人是必不可少的。当然，因为你的努力工作，你会为公司创造一些业绩，但是那也会随着时间的流逝而渐渐消失。

现在，我83岁的父亲清楚地知道活着本身是一件多么快乐的事情。几年前，父亲得了心脏病，植入体内的人造除颤器在时刻提醒着父亲，他的心脏随时都有可能停止跳动。"一寸光阴一寸金"，大家都明白这个道理，可是只有当我们老去或者得了什么致命的疾病时，才能真正体会这句话的深意。就像我父亲一样，他正努力地抓住每一次机会，要把每一天、每一分钟都过得充实一些。

魔力悄悄话

你的"威望"来自你所处的位置，当你不再掌握某种权力时，那些随这种权力而来的好处也会随权力而去。所以你不应当按照自己当下的位置来定义自己的人生，更不应当觉得自己多么有权力有威望。

"迷茫"意味着各种可能性

为了给这本书的写作找些灵感，我几乎寻遍了记忆和现实生活中的每个角落。在这个过程中，我无意地发现了一个大帆布口袋，它跟了我三十八年，里面装满了各种各样的"宝贝"。在我 20 岁的时候，这口袋是我为数不多的财产之一，我背着它上了大学，又上了研究生院，即便是毕业之后，我也是走到哪里都带着它。虽然我很少打开这个袋子，但是我却能随时找到它。这个口袋和它里面装的东西总能让我想起自己的过去。

我打开这个口袋，里面有些不起眼的石子和贝壳，那是我从远海沙滩上捡来的；还有我上大学时的一些褪了色的证件，一大捆以前的书信，对了！还有我的各种"发明"呢，有一串我用造型泥和手表电池做的可以发光的"首饰"，这可是我当年的得意之作呀。

我还从袋子里找到了一个小笔记本，里面是我自己写的诗，诗的标题是《实验假象》。写这些诗的时候，我正在读研究生院，经常要做很多关于"神经科学"的实验，而这些诗则代表了与有组织的科学实验截然相反的一面。

这里面有首叫作《无序状态》的诗，它描绘了那些不断重塑自我、不断改变游戏计划和不断冒险的过程。这首诗是我在 1983 年 9 月写的，那时的我很迷茫，觉得前途一片昏暗，充满了很多困惑。可是当我在 25 年之后再次读到这首诗时，我却有了不同的看法。"迷茫"也是生活中重要的一部分，它能带给我们很多惊喜和机遇。说实话，就算是现在，有很多时候我还是不能确定要走哪条路，常常不敢作出选择。但是我坚信，"迷茫"是一把可以点燃创新精神的火焰，是推动我们不断前进的动力。

奉献——俯首甘为孺子牛

　　我25年前写的那首诗，总能让我想起自己二十几岁时所经历的不安和彷徨。那时的我看不到前进的方向，多么希望有个人来指点我，告诉我去拥抱那不确定的未来。就像这书中的故事所讲的，最有趣的事情往往发生在你偏离既定道路的时候，在你挑战假设的时候，在你觉得这世界充满机遇和可能的时候。

魔力悄悄话

　　把自己从安逸、既定的生活当中拉出来，才会发现生活中的无限可能。要勇于失败，更要正视所谓的"不可能"，抓住每一个可以让自己的人生大放异彩的机会。是的，这些行为会打破你原本平静舒适的生活，让你"失去平衡"，但是它们也能把你带到一个你从未想象过的地方，会为你提供一幅可以让你透过问题发现机遇的"眼镜"。总之，它们会给你解决问题的信心和勇气。

第十章
把公司当家来经营

　　向老板学习，能提升我们的志向和理想。

　　向老板学习，激发我们的潜能，唤起我们的责任，助燃我们的动力，擦去我们生命中那些粗浅的自信和虚妄的梦想，让我们在公司的熔炉中百炼成钢。

　　要想成功，要想得到老板的赏识，一定要主动争取每一个机会与老板接触和沟通。

　　电梯间、走廊上、吃工作餐时、路上的匆匆一遇、擦肩而过的一刹那都是与老板近距离接触与沟通的"黄金时间"。

老板是最好的学习榜样

一只兔子在山洞前写东西。一只狼走过来问："兔子，你在干吗?"兔子回答说："我在写论文。"狼问："什么题目?"兔子说："论兔子如何打败狼。"狼听后哈哈大笑说："兔子打败狼? 这是天底下最大的笑话啦!"兔子说："你不信，是吧? 好的。你跟我来!"于是狼跟着兔子走进了身后的山洞，接着，只听见一声惨叫……

过了一会儿，兔子独自走出了山洞。山洞里，一只狮子在狼的尸体旁一边用牙签剔着牙，一边看着兔子的论文："一个动物的能力大小，不是看它的力量有多大，而是看它的幕后老板是谁!"

初入职场，选一个好公司固然重要，但最重要的还是看公司的老板是谁。有句老话说得好：读万卷书，不如行万里路；行万里路，不如阅人无数；阅人无数，不如与成功者同步。选择一个好的老板，就是选择了一条成功的捷径。老板的魅力、气魄、做人的方式和做事的风格往往决定着公司的前途。对于员工来说，老板能看多远，也决定了你能走多远。

电影《赤壁》里有这样一个片段：赤壁大战之前，孙刘结成了联盟，周瑜到刘备的营盘考察，正赶上刘备在编草鞋。关羽在一旁解释道："这么多年，我们哥儿几个穿的草鞋，一直是大哥给编的。"台词虽然有些夸张，但是我们不得不承认，刘备确实是一个好大哥，也是一个好老板，有人格魅力，有雄心壮志，有打天下的能力，更重要的是，对待下属比对待自己的媳妇、儿子都好。关羽、张飞、赵云、诸葛亮都是很厉害的小弟，但是再厉害的小弟如果没有跟对大哥也白费。

电影《投名状》里的李连杰也算是个当老大的角色。他说："天大地大没有兄弟情大，这年头没有兄弟活不下去!""当匪，我们要当最大的!"这是当老板应有的气魄!

我之所以来到永业国际，就是因为永业国际的董事长吴子申是位值得学、值得交、值得跟的"老大"。吴子申何许人? 他是一位拥有多家公司的实践管理经验，用 15 年时间将永业国际从一个小公司发展成一个国际化的集团产业公司的"新蒙商"领军人物。

子申既是我的老板，同时也是我的老师和朋友，是我最好的学习榜样。我和子申的相识从 2001 年就开始了，那时我是名人电脑科技公司的总裁，子申是名人电脑在内蒙古的经销商。后来他转战生物科技产业，角逐资本市场，成了一名成功的企业家和资本市场的风云人物。从 2008 年开始，他领导的永业国际在国际资本市场上成功进行了 3 次融资。2009 年 9 月 3 日，永业国际正式在纳斯达克上市。到目前为止，永业国际是中国农业项目中获得华尔街资本市场最大投入的企业之一。

"老大"不是随便当的。首先，子申是一个有着事业雄心的人。他敢想别人不敢想的事情，而且不仅敢想，还敢做，更能做成功。几年前，当他向我说起他的梦想——"要用永业致富模式让 1 亿中国农民先富起来"，"要让永业国际在美国纳斯达克上市"的时候，我觉得他很不现实。没想到在短短的几年内，永业悄然崛起，获得了美国华尔街的青睐。其次，子申是一个拥有草原胸怀的人。他所创造的永业平台像个"聚义堂"，加盟的不仅有我，还有创造过商务通奇迹的孙陶然，以及许多曾带领商务通、名人、蒙牛等公司"打天下"的重量级人物，组成了精锐的永业营销团队，将永业的秘密武器——永业"生命素"迅速推向市场，在全国"攻城略地"，迅速奠定"老大"地位。

所以说，职场如江湖，出来闯荡，跟对大哥（老板）很重要。老板对待员工的态度如何全由老板本人的素质决定。一个懂得分享的老板才是一个好老板。

作为员工，要知道老板不是好当的。能当上老板的人通常都是职场上的成功者，并且有他成功的道理。一定要珍惜和成功者相处的机会。成功人士是你的榜样，有时还是你的"贵人"，能够在关键时刻提醒你。

曾主演过电影《飞越疯人院》，并多次获得奥斯卡金像奖的好莱坞影帝杰克·尼克尔森，刚到洛杉矶时是个无名小子，对人生根本没有规划。他在米高梅公司动画部找到了一份差事，干的是送信、制作等杂事，也就是"跑腿打杂"。当时他的自我感觉还行。尽管想过当演员，但也只是想想，觉得那不过是异想天开。

由于他外形比较有特色，有人曾问他是否想当演员，而他总是回答"不"。

后来他的老板——美国动画大师比尔·汉纳知道了此事，就把他叫到办公室说："好吧，杰克，我问你个问题，你是不是想一辈子当个打杂的?"这句话对杰克来说，是他所得到的第一个高水平的从业建议。这话激励了他，让他明白了自己应该怎么做。

可见，成功者的一句话，有时候就是照亮你人生的一道光。

对于员工而言，你的上司、老板就是你学习的对象。成功的职场人士具有 3 个特质：一是深谙行业规则，具备坚定的意志；二是具备高级人才的卓越习惯；三是有对职业生涯完整系统的构想和行动力。

如同爱默生所说："值得他人尊敬的伟大人物最明显的特征就是坚定的意志。

不论环境多么恶劣，他们都不会轻易放弃自己的理想，而且最终都能克服重重障碍，实现伟大的奋斗目标。"成功的人往往都是在人格、品行、学问、道德等方面胜人一筹的人。与他们交往，我们能吸收到各种对自己有益的养分，可以对我们的发展起到巨大的指导和推动作用。

所以，要尽量利用公司的平台，向老板虚心学习。向老板学习、与成功者同行，可以少走很多弯路。

向老板学习，就要不惜代价地为老板工作，寻找种种借口和他共处，注意他的一言一行、一举一动，观察他处理事情的方法，发现他与普通人的不同之处。要相信，如果我们能做得和老板一样好，甚至更好，就有机会获得晋升。

向老板学习，要处处维护老板的权威。我们要认识到：老板是衣食父母，是公司的拥有者，是公司文化和公司精神的人格化体现，是公司

奉献——俯首甘为孺子牛

不可缺少和不可替代的无形资产，是公司的象征和符号。老板的权威是从无到有，历经千锤百炼、惊涛骇浪而形成的。老板的权威是公司凝聚力的保证，是员工幸福与骄傲的依靠。老板的威严不可侵犯。

魔力悄悄话

向老板学习，能提升我们的志向和理想。向老板学习，激发我们的潜能，唤起我们的责任，助燃我们的动力，擦去我们生命中那些粗浅的自信和虚妄的梦想，让我们在公司的熔炉中百炼成钢。

努力赢得老板的心

一个老板到警察局报案："有个流氓冒充我公司的 CEO，在某地赚了 100 万元！这比我真正的 CEO 在客户身上赚到的钱还要多得多。你们一定要找到他！"

警察信誓旦旦地说："我们一定会抓住他，并把他关进监狱！"

"不！不能关起来，我要聘用他！"

对于大多数老板来说，找到一个称职的职业经理人确实很难。老板和员工或职业经理人的关系大概可分为情人型、父子型和君臣型，而员工或职业经理人自我设定的角色也有三种：情人型、儿子型和臣民型。

情人型的员工或职业经理人会和老板保持非常亲密的关系。如果 3 个月没有和老板单独见面或吃饭，这种"情人"关系就会很快解体，老板也要琢磨下一位人选了。

儿子型的员工或职业经理人凡事都要请示"老子"，不敢私自做主。对于儿子型的职业经理人来说，要记住"总经理就是给董事长制造困难的，有困难要上，没有困难制造困难也要上"，不能一味顺从老板的意思。总是顺从老板的意思，会降低老板心中对你的评价。你是来公司做事的，只要是有关公司发展的事情你都有权发表自己的意见。

在现实生活中，有很多老板喜欢突发奇想，经常在员工会议上发表激情洋溢的演讲："OK，我们干吧！"初听起来确实让人振奋甚至冲动，但是开完会吃个饭，回家再洗个澡，躺在床上仔细想想，那些激动人心的演讲大多数是可以讥讽的材料。

很多老板在布置任务时都是模棱两可的，因为他自己都不清楚目标是什么，自己想要的结果是什么。老板"摸着石头过河"，很可能把具体执行的人"淹死在河里"。

臣民型的员工或职业经理人认为老板高高在上，见到老板像臣民见到皇帝一样，害怕与老板沟通。老板是什么？老板就是"角落里的人"。老板一般都很忙，与老板保持适度距离是对的，但如果与老板一点都不沟通，把老板"扔在角落里"的话，估计你离被"炒鱿鱼"就不远了。

在美国微软，盖茨也是名副其实的"皇帝"，经理级的人物一年也就能见到他一两次，而且还可能是背影。初到微软的唐骏。在一次新产品发布会上，作为主设计师，参与了接待盖茨的全过程，并主动给盖茨讲了自己的故事：如何在日本公派留学，如何因向往自由而转赴美国留学，如何以学生身份发明广为人知的卡拉 OK 记分器，如何放弃自己的公司进微软打工，如何喜爱微软以至于让妻子也到微软来工作，等等。唐骏为盖茨的演讲安排了一个细节：在舞台上画好了一排脚印，盖茨上台时只要沿着脚印就可以准确无误地走到台前离观众更近、显得更亲切的某个位置。这个颇具匠心的设计给盖茨留下了极深刻的印象。

唐骏说："在微软，大家都把比尔·盖茨当作'神'，极少有人敢跟他开玩笑，他也从不客套寒暄，如果第一次见面，他可能根本不会理你，因为他觉得跟陌生人什么都谈不深，不过我对他倒从无畏惧之心。后来我进入微软管理层，有了更多和盖茨深谈的机会。别人看我们的谈话气氛，会觉得我们很熟，甚至就像哥们儿，这在微软管理层中是不多见的。其实，我只是投其所好，尽量只谈他感兴趣的话题，比如中国消费者的心态、中国市场的特点，这时他就会非常认真。"

老板的威严固然要维护，但也要找机会与老板沟通。

许多原本非常优秀的员工没有得到老板的赏识，主要原因是与老板过度疏远，没有找到合适的机会向老板表现和推销自己，没有把自己的能力和才华介绍给老板。很多员工对老板有生疏及恐惧感，见了老板就噤若寒蝉，不是躲开就是装作没看见，这种消极的心态一定会阻碍自己的发展。

抓住每一个与老板接触的"黄金时间"，将你大方、自信的形象展示出来，都有可能决定你的前途和未来。要知道，一个不在老板视野内的员工，是很难获得担当重任的机会的。

以我在很多公司担任领导职务的经验来说，敢于主动和我沟通的员工往往会给我留下自信、上进的好印象，时间长了，这些人就会在我心里留下比较深刻的印象，一旦有合适的机会出现，我就会愿意把机会留给他们。

在我看来，与老板沟通要注意以下细节：

第一，沟通要简洁。一句话能说清楚的，绝不说两句。

第二，谦虚要适度。过分谦卑会让老板反感。

第三，做个好听众。急于发表意见会让老板感觉你妄自尊大，先听听老板怎么说。

第四，论事不论人。做人要厚道，坚持在背后说别人的好话，切勿贬低别人抬高自己，不要在老板面前轻易谈论对别人的看法。

魔力悄悄话

要想成功，要想得到老板的赏识，一定要主动争取每一个机会与老板接触和沟通。电梯间、走廊上、吃工作餐时、路上的匆匆一遇、擦肩而过的一刹那都是与老板近距离接触与沟通的"黄金时间"。

和老板交往的黄金法则

我在企业待了将近 20 年，做了 20 年的咨询策划，打过交道的老板不计其数。

在中国做员工或职业经理人，其实是"与狼共舞"，面临的压力很大，关系的尺度不好掌握。大哥难找，小弟更难当。老板群体的问题归老板群体解决，作为员工一定要认识到，老板之所以是老板，一定有比员工强的地方。不管你的老板是何种"企业家"，总之要记住一点：不要把老板当白痴。要想让老板 care（注意）你，一定要知道中国的老板有几条底线不能触碰。

第一，老板的面子不能伤。《三国演义》里讲过曹操与许攸的故事。曹操官渡之战打败袁绍，主要归功于许攸献计，许攸后来的贡献也很大，然后就自恃功高，很不给"老板"曹操面子，甚至经常在众人面前直呼曹操为"阿瞒"，并说："要不是我，你哪会有今天？"终于有一天把曹操惹急了，斩了许攸。

像许攸这样不懂人情世故的大有人在。事业没有成功之前，大家可以称兄道弟，但是等事业做大了，就得分出个主次，就像《水浒传》里聚义厅排座次一样，一旦排好，和老大说话就得注意点分寸了，功劳再大都是过去的事。

第二，老板的老底不能揭。老板的私生活和发家史最好不要过问，知道得越多，老板对你就会越缺乏信任。尤其是在生产环节、市场环节、财务环节上，你所做的每一项工作都必须让老板知晓，而老板的意图最好别过问。

第三，老板的风头不能抢。某款索尼笔记本有一句经典的广告语

——"小心抢了老板的风头",这其实恰好切中了中国"公司政治"的要害。几乎所有的老板都无法容忍部下功高盖主,无论他工作多么出色。一个朋友在一家民企里做区域经理,业绩非常出色,所在区域的利润占到了该企业全国市场利润的80%。他很快被调到总公司出任总裁,负责全国市场运营。董事长对他特别器重,他成了公司不可缺少的核心人物之一。但是,当上总裁没多久,他就被扫地出门了。据说,他曾在公开场合宣称:"公司离了我玩儿不转……"

第四,老板的女人不能碰。公司内部的情感关系非常复杂,办公室恋情是常有的事情。有句老话叫"兔子不吃窝边草",谈恋爱没关系,但首先要搞清对方和老板的关系。如果搞不清状况,很容易踩到"地雷"。

第五,老板的心思要揣摩。在对老板忠心和服从的同时,还要揣摩老板的心思。揣摩老板的心思需要高超的技巧。揣摩心思不等于拍马屁,即使拍也要拍得严丝合缝,不能露出做作和阿谀奉承的破绽。有一个关于曾国藩的故事讲的就是这个意思。

有一次,曾国藩吃完晚饭后与几位幕僚闲谈,评论当今英雄。他说:"彭玉麟、李鸿章都是大才,为我所不及。我可自许者,只是生平不好诿耳。"一个幕僚说:"各有所长:彭公威猛,人不敢欺;李公精敏,人不能欺。"说到这里,他说不下去了。曾国藩问:"你们以为我怎样?"众人皆低头沉思,忽然走出一个管抄写的后生插话道:"曾师是仁德,人不忍欺。"众人听了齐拍手。曾国藩十分得意地说:"不敢当,不敢当。"后生告退而去。曾氏问:"此是何人?"幕僚告诉他:"此人是扬州人,入过学,家贫,办事谨慎。"曾国藩听后说:"此人有大才,不可埋没。"不久,曾国藩升任两江总督。就派这位后生去扬州任盐运使。

这个管抄写的后生确实是个优秀的员工,抓住了老板曾国藩"仁德"的优点,投其所好地进行了恰当的赞美,结果改变了自己的命运。所以,在与老板的交往中,一定要仔细揣摩老板的心思,寻找老板的特点,以他喜欢的方式工作,以他喜欢的方式表达。

第六,老板的心思莫说透。老板喜欢的人基本上都不是那种以自我为中心、自以为是的人。作为员工,有独立的思考能力是好的,但也要懂得把思考与决定的权力交给老板，不能越俎代庖。

在第二次世界大战期间，斯大林在军事上最倚重两个人，一个是军事天才朱可夫，另一个是总参谋长华西里耶夫斯基。这两个人都很有才，但做事方式极为不同。朱可夫喜欢直言不讳，所以经常会触怒斯大林。斯大林"唯我独尊"的个性使他不能允许世界上有人比他更高明。因此难以接受下属的不同意见。华西里耶夫斯基则非常懂得维护斯大林的尊严，往往能使斯大林在不知不觉中采纳其正确的作战计划，从而发挥了杰出的作用。当他需要向斯大林进言的时候，会潜移默化地施加影响。在斯大林的办公室里，华西里耶夫斯基喜欢同斯大林谈天说地地"闲聊"，并且往往还会"不经意"地"顺便"说说军事问题，既非郑重其事地大谈特谈，讲的内容也不是头头是道。但有意思的是，等华西里耶夫斯基走后，斯大林往往会想到一个好计划。过不了多久，斯大林就会在军事会议上宣布这一计划。于是大家纷纷称赞斯大林的深谋远虑，但只有斯大林和华西里耶夫斯基心里最清楚谁才是真正的策划者。

正是在这些貌似不经意的"闲聊"中，华西里耶夫斯基用自己的思想启发了斯大林，使得斯大林本人也认为这些好主意是他自己想出来的。斯大林对华西里耶夫斯基的倚重也说明老板都喜欢维护老板尊严的员工。

总之，员工与老板之间的关系是一种"美合"的关系——基于梦想和利益的契合，这是一种新的商业美学。

魔力悄悄话

老板与员工之间，合作中有斗争，斗争中有合作。这种斗争不是敌我斗争，而是"美合"，为的是公司整体的利益，而不是个人的恩怨，双方都应该在事业的平台上成为胜利者。事业做大了，好处是大家的；事业垮了，对谁都没好处。

第十一章
不抱怨的胸怀

　　杜甫一生虽然坎坷，却还有"安得广厦千万间，大庇天下寒士俱欢颜"的奉献精神，为后人赞颂。范仲淹远离庙堂仍不忘"先天下之忧而忧，后天下之乐而乐"的奉献精神，为世传诵。"人的生命是有限的，可是，为人民服务是无限的，我要把有限的生命，投入到无限的为人民服务之中去。"这句朴实的话已经成为雷锋奉献精神的经典格言。

　　奉献者的收获是一种幸福，一种崇高的情感，是他人的尊敬与爱戴，是自己生命的延续。人所能得到的最大幸福、最自由快乐的心境，莫过于无私的奉献。

抱怨不会让事情变好

在生活中，经常会有这样一些人，他们总是抱怨自己人生的不如意，生不逢时，并由此而产生一系列的矛盾与烦恼。

比如说，有的人对自己目前的工作不满意，认为职位低，赚钱少，比不上别人。于是就不断地抱怨，工作常常出错，上司也不喜欢他，同事也觉得他没出息。这样，他就越来越孤独，越来越被单位排挤，越来越远离快乐和成功。

怨恨是使自己觉得自己重要的一种方法。很多人以"别人对不起我"的感觉来达到异常的满足。

从道德上来说，不公正的受害者和那些受到不公正待遇的人，似乎比那些造成不公正的人要高明。

心怀怨恨的人，是想在人生的法庭上证明他的案子，如果他有怨恨之感就证明生活对他不公平，而有一些神奇的力量将会澄清那些使他产生怨恨的事情，使他得到补偿。从这个意义上来说，怨恨是对已发生之事的一种心理反抗或排斥。

怨恨的结果是塑造劣等的自我意象。就算怨恨的是真正的不公正与错误，它也不是解决问题的好方法，因为它很快就会转变成一种习惯情绪的。

一个人习惯于觉得自己是不公平的受害者时，就会定位于受害者的角色上，并可能随时寻找外在的借口，即使对最无心的话在最不确定的情况中，他也能很轻易地看到不公平的证据。

抱怨会使自己的情绪恶化，看什么都不顺眼，使自己陷入一种自己制造出来的消极情境之中。

经常抱怨也会变成一种习惯，遇到压力或不如意之事，便先抱怨一番，这是最可怕的事。

倘若我们的抱怨毫无理由，就应从根本上改变自己的心态，由消极变为积极，由推诿变为主动，由事不关己变为责任在我。即使我们的抱怨具备十足的理由，那也还是不要抱怨吧！

在逆境中拼搏能够产生巨大的力量，这是人生永恒不变的法则。

当你遇到某一个难题时，也许一个珍贵的机会正在悄悄地等待着你。抱怨并不能解决实际问题，尽快地停止抱怨吧，只有去行动才有解决问题的可能。

因此，我们不要抱怨父母，不要抱怨环境；无法改变环境，就改变自己；改变不了过去，就努力改变未来。

认真完成下面的行动计划，就能帮你克服抱怨的弱点：

行动1：

写下发生在你身上的5件事，写下其中你的抱怨。

对照自己写的内容，抱怨能真正帮你解决问题吗？显而易见，抱怨满腹不能解决任何事情，相反会阻碍我们成功。

行动2：

找出一直困扰你的1件事，你要像看电影一样回忆其中每一个细节，然后把这段过程转化为滑稽的形式。

你找一把高高的椅子坐在上面，然后满脸堆笑，气定神闲地进行这一过程。

如果有个人对你说了什么坏话，你就像录像带倒带一样，让那个人说话的速度变快很多，如果不过瘾，你还可以给那个人安上米老鼠的鼻子和唐老鸭的耳朵，再配上一些古怪的音乐。这样来来回回十遍，再看这个困扰你的过程，你会发现变得非常滑稽了，你会觉得失去了抱怨的意义。

行动3：

找一个支持和值得信赖你的真挚友人作为倾诉的伙伴，把所有的抱怨、牢骚、不满都发泄出来。

行动4：

在这一张纸上尽快地写出你所有的感觉，把你的每一个意见、思想和感觉尽情发泄在纸上。当你全部发泄完之后，把纸撕掉，最好把纸撕得粉碎。重复地写出来，再撕掉，直到你感觉不到激烈的情绪为止。

当你克服了抱怨的弱点后，你就真正成了一个阳光的人，一个时刻感受到快乐和幸福的人。

魔力悄悄话

一位伟人曾说："有所作为是生活中的最高境界。而抱怨则是无所作为，是逃避责任，是放弃义务，是自甘沉沦。"不论我们遭遇到的是什么境况，光是喋喋不休地抱怨，不仅不能解决问题，还会把事情弄得更糟。而这绝不是我们的初衷。

原谅是为了更好地生活

人生在世，我们不必总跟自己过不去，也别跟生活过不去，没理由不滋润、不快活，关键是我们选择什么样的角度看生活、看自己。生活中我们应当学会原谅。

宋代大文豪苏轼说："人有悲欢离合，月有阴晴圆缺，此事古难全。"古人有古人的悲哀，可古人很看得开，他把人世间的悲欢离合比作月的阴晴圆缺，一切全出于自然，其中有永恒不变的真理，它像一只无形的手在那里翻云覆雨，演绎着多色多味的世界；今人也有令人的苦恼，因为"此事古难全"。

有一位哲学家，当他是单身汉的时候，和几个朋友一起住在一间小屋里。尽管生活非常不便，但是，他一天到晚总是乐呵呵的。

有人问他："那么多人挤在一起，连转个身都困难，有什么可乐的？"

哲学家说"朋友们在一块儿，随时都可以交换思想、交流感情，这难道不值得高兴吗？"

过了一段时间，朋友们一个个相继成家了，先后搬了出去。屋子里只剩下哲学家一个人，但是每天他仍然很快活。

那人又问："你一个人孤孤单单的，有什么好高兴的？"

"我有很多书啊！一本书就是一个老师。和这么多老师在一起，时时刻刻都可以向它们请教，这怎能不令人高兴呢？"

几年后，哲学家也成了家，搬进了一座大楼里。这座大楼有七层，他的家在最底层。底层在这座楼里环境是最差的，上面老是往下面泼污水，丢死老鼠、破鞋子、臭袜子和杂七杂八的脏东西。那人见他还是一副自得其乐的样子，好奇地问："你住这样的房间，也感到高兴吗？"

"是呀！你不知道住一楼有多少妙处啊！比如，进门就是家，不用爬很高的楼梯；搬东西方便，不必费很大的劲儿；朋友来访容易，用不着一层楼一层楼地去叩门询问……特别让我满意的是，可以在空地上养些花、种些菜。这些乐趣呀，数之不尽啊！"

后来，那人遇到哲学家的学生，问道："你的老师总是那么快快乐乐，可我却感到他每次所处的环境并不那么好呀。"

学生笑着说："决定一个人快乐与否，不是在于环境，而在于心境。"

苦恼和悲哀常常引起人们对生活的抱怨，哀自己命运不好，怨生活的不公。其实生活仍然是生活，关键看你选取什么角度。

每逢沮丧失落时，我们对一切感到乏味，生活的天空阴云密布，看什么都不顺眼，像 T 恤衫上印着的：别理我，烦着呢！生活中有很多事情令我们心情不好。面对落榜、面对失恋、面对解释不清的误会，我们的确不易很快地超脱。但是人有逆反心理，更多的时候是"多云转晴"，忧郁被生气勃勃的憧憬所取代。烦些什么？你的敌人就是你自己，战胜不了自己，没法不失败；想不开、钻死胡同，全是自己所为。

魔力悄悄话

原谅生活有那么多阴差阳错，因为它要让你学会坚强、珍惜。生活在这个世界上，我们不得不怀着一颗宽大的心去原谅诸多人和事，原谅上天对人的不公，因为它要考验我们每一个人。

比天空更宽阔的是人的胸怀

古语云"成王败寇",又云"不以成败论英雄"。

我们的人生要成功,也要做英雄,而雅量是必需的。大器量天高地阔,宽胸怀义永情长,只有宽宏大量,才能高瞻远瞩。

胡雪岩出生的时候,父亲是个小官吏,可是后来因公殉职了。从此他家的生活水平就只能在温饱线上徘徊。

在胡雪岩的家乡,胡氏是一个大家族,以前有过做大官的人,可是到了胡雪岩父亲这一辈时,开始没落了。族长曾经把希望寄托在胡雪岩的父亲身上,可是还没有升职,人先死了,这让族人的希望落空了。于是,他们将所有的怒火一并发泄到胡雪岩母子身上,所以胡雪岩几乎是在族人的冷嘲热讽和白眼之下长大的。

后来,尽管胡雪岩跟,随张老板离开了家乡,但是族人依然看笑话似的,不指望胡雪岩能够有什么大出息。

在他们的眼里,胡雪岩的父亲读了那么多年的书,都没能做成大官,胡雪岩是一天书都没有好好读的人,怎么可能干成大事?再者,人们受到了封建思想的影响,觉得胡雪岩的母亲克死了丈夫,必然是没有福的人。在这样一个没福之人的身边长大,胡雪岩自然也不会大富大贵。

也许是从小就经受了过多的打击,冷嘲热讽对于胡雪岩而言,是再普通不过的事情,所以族人尽管说他们的,胡雪岩该怎么做事还怎么做事,丝毫不受影响。

其实很多时候是这样的,你越在意别人的话,别人就说得越快乐。如果干脆不理,他们自然就没兴致了。

　　几经辗转，胡雪岩来到了阜康钱庄，在这里做个"跑街"的。此时的胡雪岩，心里变得越来越"不安分"了。他想要干出一番事业来，所以每天都在学算盘，为以后做积累。见他没事就摆弄算盘，钱庄的"大伙"张胖子看不下去了，说："一个臭跑街的，还以为自己是掌柜的呢！你学那个有什么用？只怕是到了棺材里，那个算盘也派不上用场。"

　　怕胡雪岩心里不好受，师兄们偷偷过来安慰他，可是他说："男儿立世，哪里有一帆风顺的，做得不好，被人笑笑也无妨。"

　　几年以后，胡雪岩接手阜康钱庄，当年的"大伙"张胖子，早已转到信和钱庄去做事了。师兄们很想让胡雪岩去信和钱庄找张胖子理论，让他看看当年的算盘派没派上用场，可是胡雪岩一笑置之，不想跟张胖子计较。

　　胡雪岩心想，每天都要发生那么多的事情，如果每件事情都要计较，那么可能就没有时间去经营自己的事业了。而且，嘴巴长在别人的脸上，别人说什么，自己管不着，可是只要自己不以为意，别人爱怎么说那是他的自由。

　　没错，我们管不了别人说什么，但是只要我们不在意，那么说与不说，对我们而言也没有多大差别。可是，如果我们因为听到了一点别人的议论就心怀怨恨，那么我们很可能为了报复别人而浪费了自己许多宝贵的时间，也错过了很多做大事的机会。

　　人生中，雅量意味着胸怀、风度和气质，它是斤斤计较、心胸狭窄的天敌，它对有意或是无意间的伤害是宽厚，对敌意的攻击是忍让。有雅量的人对人对事看得开、想得开，不会计较生活中的得失。

　　朱德同志有诗："腹中天地阔，常有渡人船。"

　　法国作家雨果说："世界上最宽阔的东西是海洋，比海洋更宽阔的是天空，比天空更宽阔的是人的胸怀。"

　　个人胸怀宽广，就会站得高、看得远，就会宽待他人、善待他人。有了这样的雅量，对于别人对自己的误解、偏见，乃至讽刺、挖苦、谩骂等就会统统不放在心里，更不会为此愁肠百结、郁愤难平、伺机报复，这样的人就会使人感到可亲、可敬、可佩。

奉献——俯首甘为孺子牛

雅量，不是看破红尘、心灰意冷，也不是与世无争、随波逐流，而是一种修养、一种境界。只有拥有雅量的人才真正懂得善待自己、善待别人，人生才会活出大境界。

魔力悄悄话

一位名人曾说："如果他能从这扇门望见日出的美景，你又何必要他走向那扇窗去聆听鸟鸣呢？你听你的鸟鸣，他看他的日出，彼此都会有等量的美的感受。人与人偶有摩擦，往往都是由于缺乏那份雅量的缘故；因此，为了减少摩擦，增进和谐，我们必须努力培养雅量。"

长寿秘诀

　　家住青岛浮山后二小区的于女士今年快 70 岁了，早已经步入老年人的行列，可在她 104 岁的母亲薛从美的眼里，她还不过是个孩子。

　　104 岁的母亲至今耳不聋、眼不花，行动利索，周围的老人很是羡慕。说起母亲的长寿秘诀，于女士说："母亲常常教育我，做人要心胸豁达，知足常乐。"

　　"母亲生长在清朝末年的一个小村庄，什么样的苦都吃过，如今过上好日子，她常常感叹，'我现在多活一天，就是赚一天'，她挺满足现在的生活，知足常乐。说到母亲的长寿秘诀，就一点，心胸豁达，不管遇到什么难事，她都能主动去解决。"

　　"母亲还很乐意帮助别人，以前再怎么穷，邻居需要帮忙她都会尽力。现在在老年公寓，其他老人要是碰上不开心的事，她都会过去劝劝。她经常这样劝：'共产党给咱机会，有这么好的地方住着，有人照顾着，每个月还给工资（退休金），很好了，其他的什么也不用管了，好好活着就行。'"

　　"好好活着就行"。平淡无奇的一句话，却道出了一位 104 岁老人的长寿心经。心是人体中五脏六腑的主要器官之一，是人情绪的控制总台，它每时每刻都在不停地工作着。如果一个人的心脏停止了工作，那么这个人的生命也就基本上走到了尽头。因此，心跳是人生命的动力源泉。

　　要保持一个人的心脏能够正常工作，就必须经常去保护它、爱护它，保证人体心脏的正常工作机能，这是唯一的方法和手段。否则，破坏了心脏的功能将会缩短人的寿命期限。

　　如何才能保护心脏的功能不会衰竭，并使其能够发挥正常的作用呢？

最简单和最有效的方法，就是放宽心。俗话说得好："心宽体胖，活得健壮；没心没肺，活得不累；与世无争，活得轻松。"总之，心宽才能长寿，长寿才能幸福。

什么是心宽？心宽就是指一个人的心境要宽大无比，能够包罗万象，内心装得下整个世界。做人要心胸开阔，能容纳各种矛盾，要宽宏大量，能装得下一切，能包容一切。

做人首先要学会包容、宽容、忍让，用知识和头脑去理解、容纳不同的人或事，要大度待人，能够承担或承受他人的存在，不要做与人为敌的事情，更不要去制造矛盾和事端，多与人沟通、交流、对话、磨合，互助互利，互补互惠，更要相互信任、相互尊重，把别人的事情当作是自己的事情来对待，积极想办法去处理好。不要萌生或存在"气人有，笑人无"的心态，显得小肚鸡肠，没有一点仁者的慈善为怀。要学会做人，拥有与人为善、与人为美的高贵品质，处理好与他人之间的关系，要"以助人为快乐，以善待他人为己任"，做一个品德高尚的人。

魔力悄悄话

人要幸福长寿，就要树立共生、共存、共发展的思想理念，营造开心、心宽、宽容、和谐这样一个完美无缺的生活环境和生活气息，让我们的地球变成一个没有邪恶，只有和善的地球村。到那时，人们都会长寿幸福。

对自己说"没关系"

在生活中，我们遇到不如意的事，学会对自己说"没关系"，会让你的生命更有光彩。

田丽曾经是一个多愁善感的女孩，面临生活中一些不如意的事常常会觉得孤立无援，然而一位教授的一节课，却让她改变了自己对生活的看法。

有一次，一位德高望重的教育学教授在田丽的班上说："我有句三字箴言要奉送各位，它对你们的教学和生活都会帮助，而且可使人心境平和，这三个字就是：'不要紧'。"

田丽领会到了那句三字箴言所蕴含的智慧，于是便在笔记簿上端端正正地写下了"不要紧"三个大字。她决定不让挫折感和失望破坏自己平和的心情。

后来，她的心态遭到了考验。她爱上了英俊潇洒的周云。他对她很要紧，田丽确信他是自己的白马王子。

可是有一天晚上，周云温柔婉转地对田丽说，他只把她当作普通朋友。田丽以他为中心构想的世界当时就土崩瓦解了。那天夜里田丽在卧室里哭泣时，觉得记事簿上的"不要紧"那几个字看来很荒唐。"要紧得很，"她喃喃地说，"我爱他，没有他我就不能活。"

但第二天早上田丽醒来再看到这三个字之后，就开始分析自己的情况：到底有多要紧？周云很重要，自己很要紧，我们的快乐也很要紧。但自己会希望和一个不爱自己的人结婚吗？

日子一天天地过去，田丽发现没有周云自己也可以生活。田丽觉得自己仍然能快乐，将来肯定会有另一个人进入自己的生活；即使没有，她也仍然能快乐。

几年后，一个更适合田丽的人真的来了。在兴奋地筹备婚礼的时候，她把"不要紧"这三个字抛到九霄云外。她不再要这三个字了，她觉得以后将永远快乐，她的生命中不会再有挫折和失望了。

婚姻生活和生儿育女不会有挫折失望？这当然不可能。有一天，丈夫和田丽得到一个坏消息：他们破产了。

丈夫把这一消息告诉给田丽听了之后，她看到他双手捧着额头。她感到一阵凄酸，胃像扭作一团似的难受。田丽想起那句三字箴言："不要紧。"她心里想："真的，这一次可真的是要紧！"

可是就在这时候，小儿子用力敲打他的积木的声音转移了田丽的注意力。他看见妈妈看着他，就停止了敲击，对她笑着，那副笑容真是无价之宝。田丽把视线越过他的头望出窗外，有两个小孩正在兴高采烈地合力堆沙堡。在她们的后面，田丽家的几棵洋槐树映衬着无边无际的晴朗碧空。田丽觉得自己的胃不痛了，心情也恢复了平和，她还感到自己在微笑。于是她对丈夫说："一切都会好起来的，损失的只是金钱。实在'不要紧'。"

生命中有很多突发的变故，会给我们的心灵带来巨大的压力，很多人会因为这些压力而变得一蹶不振，甚至会因此而失去生活的勇气。

魔力悄悄话

卡耐基曾说："正如杨柳承受风雨，水适于一切容器一样，我们也要学会承受一切不可逆转的事实，对于那些必然之事我们要学会主动而轻快地承受。"面对这些人生的狂风暴雨，如果我们都能够对自己说一句"不要紧"，然后平静地接受它，时刻保持积极的心态，那么这些人生阴云终将过去。

忘记怨恨是一种品格

我们都是普通人，不是圣贤，要让我们去爱自己的敌人，也许是非常勉强的，但是，仇恨只能够产生仇恨，所以，学会宽恕敌人甚至忘了所有的怨恨是有必要的。正如一位哲人所说："忘记怨恨是一种博大的胸怀，它能包容人世间的喜怒哀乐。忘记怨恨是一种品格，它能使人生跃上新的台阶。"

北宋名臣范仲淹就是一个善于忘记仇恨的人。

景佑三年，范仲淹任吏部员外郎。当时，宰相吕夷简执政，朝中的官员多出自他的门下。范仲淹上奏了一个《百官图》，按照次序指明哪些人是正常的提拔，那些人是破格提拔；哪些人提拔是因公；哪些人提拔是因私。并建议：任免近臣，凡超越常规的，不应该完全交给宰相去处理。他被吕夷简指为"狂肆，斥于外"，贬为饶州知州。

康定元年，西夏王李元昊率兵入侵，范仲淹被任命为陕西经略安抚副使，负责防御西夏军务。

这时，神宗下谕让范仲淹不要再纠缠和吕夷简过去不愉快的事。范仲淹"顿首"谢曰："臣向论盖国家事，于夷简无憾也。"他的意思是：我过去议论的都是有关国家的大事，对吕夷简本人并没有什么怨恨。

吕夷简听说后，深感愧疚，连连说："范公胸襟，胜我百倍！"

忘记怨恨就是忍耐。同事的批评、朋友的误解、过多的争辩和"反击"实不足取，唯有冷静、忍耐、谅解最重要。

温斯顿·丘吉尔用自己的经验总结出："报复是最为宝贵的，也是最没有收获的。"报复的想法会让你的灵魂受到玷污，使你不再受到信任，变得愤世嫉俗而且充满偏见。怨恨还会伤害人的生理和精神，使你感到与社会的隔离，没有活力，没有精神。

一只蜂房里的蜂后把刚从蜂房里取出来的蜜献给天神。天神对蜂后的奉献很高兴，就答应给它所要求的任何东西。

蜂后于是请求天神说："请你给我一根刺，如果有人要取我的蜜，我便可以刺他。"天神很不高兴，因为他很爱人类，但因为已经答应，不便拒绝蜂后的请求，于是天神回答："你可以得到刺，但那刺留在对方的伤口里，你将因为失去刺而死亡。"

报复是一把双刃剑，伤害别人的同时也会伤害到自身。心中想着报复别人，行为便趋向罪恶；心中有了恶，恶便支配了你的心灵，头脑被报复的念头所占据，报复也会回到自己的头上。

忘记怨恨就是快乐。人人都有痛苦，都有伤疤，经常去揭，会添新创。学会忘却，生活才有阳光，才有欢乐。如果没有忘却，人不会快乐，智慧淹没在对过去的懊悔、痛苦和对未来的恐惧、忧虑与烦恼之中。

魔力悄悄话

忘记怨恨就是潇洒。宽厚待人，忘记怨恨，乃事业成功、家庭幸福美满之道。如果你事事斤斤计较，就会患得患失，活得很累很辛苦。